Madeleine

I0598003

Madeleine

BRIGITTE ROUVRAIS

# MADELEINE

Roman

Madeleine

Madeleine

À mes parents,

# Madeleine

# REMERCIEMENTS

Je tiens à remercier toutes celles et ceux qui m'ont accompagnée durant l'écriture de ce roman. Merci de m'avoir offert de votre temps pour la relecture du manuscrit. Merci pour vos encouragements et vos judicieux commentaires.

Merci à toutes celles et ceux qui me font confiance dans l'exercice de mon métier de sophrologue.

Tout roman est une œuvre collective car l'autre est un petit peu de soi.

Merci à tous.

# Madeleine

# CHAPITRE I

Madeleine, attentive, chuchote tendrement à Jocelyne.

*« Remonte dans tes souvenirs... Regarde-moi... Respire calmement... »*

Jocelyne fixe le doux sourire de Madeleine plusieurs minutes. L'image se trouble.

*« Maintenant, ferme les yeux. Tourne ton regard vers l'intérieur. Prends la première image qui arrive. »*

\*

« C'est la fin de l'été. Nous sommes en septembre. Le temps est maussade. Serge et moi sommes en vacances à Saint-Jean-de-Luz. Il a plu toute la matinée et nous sommes restés à l'hôtel. Après le déjeuner, nous sommes remontés dans la chambre et Serge s'est installé dans un fauteuil sur la terrasse, face à la mer. Je suis sur le lit et je feuillette un magazine de randonnées. Je lève les yeux et regarde cet homme avec lequel je partage ma vie depuis vingt-trois ans. Il est triste ; il laisse échapper de longs soupirs. Je pense que c'est le temps qui le rend ainsi. Je lui propose une promenade mais il préfère aller au jacuzzi de l'hôtel pour se détendre « Va te promener, toi. Tu adores la mer. » C'est intuitif, je le sens. Une grande douleur me transperce le ventre. »

Aucun cil n'est là pour retenir ses larmes. Sa respiration reste cependant tranquille.

*« Retire-toi de la scène. Tu regardes, tout simplement. Tu regardes » insiste Madeleine.*

Jocelyne continue son voyage dans le temps, entrecoupé de silences.

« Il rentre comme d'habitude, tous les jeudis soir. Il rentre à la maison mais il ne l'habite pas. Il cherche sans cesse de la compagnie. Il m'évite. Le soir, il est trop fatigué pour me prendre dans ses bras…

Le jeudi 12 décembre, il vient prendre quelques affaires et repart. Il me laisse avec ses excuses et mon chagrin. « Je suis désolé, mais si je ne le fais pas, j'aurai l'impression de passer à côté de ma vie ».

Le corps de Jocelyne est lourd et s'enfonce dans le lit.

« J'ai très mal. Marc est là, omniprésent. Il ne parle pas de son père, moi non plus. Lui et mes amies m'étourdissent de sorties et je m'abrutis de travail. J'ai un amant ; il s'appelle… je ne me souviens plus… Oui, ça y est, Jean-Pierre. Il passe… »

Les mouvements de son visage la racontent. Ses traits sont tendus. Elle murmure ce qu'elle s'est dit et répété durant cette période « Tout va bien. Tout va bien... Cela va passer. »

La voix de Madeleine se fait plus forte.

*« Recule-toi. Observe. Ne te laisse pas happer. »*

Le visage de Jocelyne se détend.

*

Elle se voit errer dans son appartement et vérifier en passant la solidité de la chaîne de sécurité, fraîchement posée, sur la porte d'entrée. Le pas lourd de son voisin du dessus résonne et amplifie cette angoisse qui lui noue le coeur.

*

Une nouvelle image s'impose à elle.

Elle est chez Marie et une scène particulière se présente dans son incroyable réalité.

« Etre ou ne pas être, telle est la question ! »

Les bras écartés, Marie bombe le torse et toise son amie. D'un geste large et généreux, elle retire son foulard et le jette avec panache sur le canapé. Jocelyne secoue la tête en riant devant les facéties de Marie.

« Tu arrives à me faire rire alors que j'ai le moral dans les baskets ! Tu plaisantes... mais cette citation n'est pas loin de ce que je ressens. Je n'ai plus de désir pour être.

— Je te taquine ; je comprends bien ce que tu veux dire. C'est la cinquantaine, ma Jo ! Quand on n'a plus rien qui nous fait vibrer on devient « A-quoi-bon-iste » dit Marie en s'écroulant sur le canapé.

— Et cela te fait rire, toi ? demande Jocelyne.

— Le rire est la meilleure thérapie que je connaisse. Plus sérieusement, qu'est-ce qui te manque vraiment dans ta vie ?

— Je ne sais pas, c'est un ensemble. Pas d'envie. Un train-train dans lequel je m'étiole.

— C'est depuis le départ de Serge que tu te sens comme ça ?

— Non, depuis deux, trois mois.

— Il est parti depuis plus d'un an ; c'est pas ça alors, fait remarquer Marie.

— Quoi que... c'est peut-être lié, dit Jocelyne en fronçant les sourcils. Je n'avais pas fait le rapprochement mais... Il n'y a pas longtemps, j'ai balancé toutes ses affaires : brosse à dents, parfum, chemises, bibelots...

— Tu avais gardé tout ça ?

— Oui, qui sait, il aurait pu revenir... Là, j'ai fait mon deuil. Je ne l'attends plus.

— C'était plutôt une bonne idée, ce grand nettoyage, non ?

— Disons que c'était nécessaire. Je ne sais pas si c'est cela mais je me sens aussi vide que l'étagère dépouillée de ses horreurs de trophées de tennis.

— Ben, tu vois qu'il y a du positif dans tout. T'as pas envie de refaire ton appart', de te le réapproprier ?

— Bof, pas vraiment. En plus, je suis fatiguée en ce

moment, tu n'imagines pas.

— Elle nous fait une p'tite déprime ma Jo ? s'inquiète Marie, l'œil suspicieux.

— Peut-être, mais je n'arrive même pas à pleurer.

— Une dépression sèche, c'est pire. Tu ne veux pas pleurer un petit peu pour me faire plaisir ?

— Je n'y arrive pas.

— Bon, je ne regarde pas ; je mets les mains devant les yeux. Vas-y, pleure. »

Jocelyne éclate de rire.

« T'es nulle. Pourquoi veux-tu que je pleure, je n'ai aucune vraie raison.

— Normal, les Aquoibonistes pleurent à l'intérieur ; le problème c'est qu'ils peuvent s'y noyer. Tant pis, si tu ne veux pas pleurer devant moi, va voir un psy au moins, pleure devant un inconnu si tu préfères.

— J'imagine bien : « Bonjour Monsieur le Psy. Je fais une dépression sèche. Je suis aquoiboniste et je n'ai envie de rien. Je suis inutile et fade. Pouvez-vous faire quelque chose pour moi ? »

Marie se redresse et redevient sérieuse.

« Inutile et fade… Tu as une forme olympique, prête à faire un marathon de l'oreiller pendant au moins une décennie. »

Elle s'extirpe du moelleux canapé.

« Ouille, ce n'est pas facile de se relever. Ce canapé est un appel à la luxure ! Bon, je vais aller terminer ma composition culinaire. »

Elle se retourne une dernière fois avant de rentrer dans la cuisine.

« Cela te coûte quoi de prendre un rendez-vous ? »

Dubitative, Jocelyne hausse les épaules en signe de réponse. Elle s'enfonce un peu plus dans les coussins et pose son attention sur un tableau fixé au-dessus de la cheminée : un arbrisseau perdu dans un enchevêtrement de montagnes aux versants abrupts et secs. « C'est pas gagné pour toi non plus » lui dit-elle. »

Un parfum frais et puissant s'impose.

Jocelyne est attablée devant une magnifique assiette préparée par Marie. Elle porte à ses narines une feuille de basilic.

« Quel parfum, c'est super le basilic frais.

— J'ai préféré les aromates aux géraniums pour mes jardinières. J'ai même de la ciboulette, du thym, de la menthe et du persil, précise fièrement Marie. Que des aromates licites ! Je vais envisager de planter d'autres genres d'aromates si tu continues à faire une tête comme ça…

— Je ne fais pas la tête, je réfléchis… Elle te plaît, ta vie, toi ?

— Tout ne me plaît pas mais dans l'ensemble, ça va. Je m'y sens bien.

— Moi, je ne m'y sens pas bien. Comme si je n'avais plus rien à y faire. J'ai la sensation de rentrer dans une petite mort et j'ai peur.

— Change ta vie, lui suggère Marie.

— Pour changer de vie il faut avoir des envies et je n'en n'ai plus. À quoi bon…

— Pas facile, en effet. Nous passons de Shakespeare à Kafka. Ce serait un bon sujet de disserte : « Kafka était-il Aquoiboniste ? ».

Marie se lève pour débarrasser les assiettes.

« Je suis certaine que Kafka aimait le fondant au chocolat… Noir. Et toi ? »

Elle est drôle Marie, elle est vraie.

Plus rien. Plus de son ni d'image. Jocelyne sombre dans un profond sommeil.

Madeleine, telle une mère, veille sur elle.

*

Un rai de lumière s'échappe des rideaux et vient illuminer le visage émacié de Jocelyne. Elle sourit en ressentant cet appel à la vie. C'est si doux qu'elle refuse d'ouvrir les yeux. Elle sent la présence de Madeleine ; cela la comble de bonheur.

« J'ai toujours peur que tu ne sois plus là à mon réveil, que tu disparaisses aussi rapidement que tu es apparue.

— *Ne sois pas inquiète, répond Madeleine de sa voix douce, je serai là aussi longtemps que tu le choisiras.*

— Choisir ?

— *Oui, choisir. Je ne m'impose jamais.* »

Jocelyne se détend.

« C'est bien alors… Très bien.

— *Oui, tout est bien.* »

Jocelyne entrouvre les yeux.

« Ce que j'aime chez toi, c'est ton optimisme. Tout va bien plaisante-t-elle.

— *Tout est bien… Mais laissons cela pour le moment. As-tu bien dormi ?*

— J'ai fait un drôle de rêve. Il y avait moi et moi.

— *Nuit de promotion la taquine Madeleine. Deux Jocelyne pour le prix d'une !*

— Ne rigole pas, je suis sérieuse, c'était vraiment bizarre. J'étais assise dans un fauteuil et je me regardais dormir. La Jocelyne du fauteuil répétait « Dors, tout va bien. Tout est terminé. ». Je préfère mes rêves à ma réalité. Cela m'épuise d'avance de me lever, me laver et d'aller prendre mon petit déjeuner.

— *Regarde les choses autrement, propose Madeleine. Il y a peu de temps encore, tu ne pouvais rien faire de cela.* »

Jocelyne retire son drap avec agacement.

« C'est un peu long, pour moi, vois-tu ? »

Elle ne prend pas le temps d'enfiler ses baskets et sort de la pièce en bougonnant.

« Je vais déjeuner. »

Les chaussons de Jocelyne, made in Marie, font sourire son compagnon d'ascenseur. Des grenouilles aux yeux démesurés lui tirent une magnifique langue en feutrine rouge.

« Ils font les mêmes pour adultes ? lui demande-t-il.»

Le déjeuner vite expédié, quelque peu penaude, Jocelyne est revenue dans sa chambre. Elle fait quelques pas, hésite entre le fauteuil et le lit, opte pour ce dernier et se décide enfin à lever les yeux vers Madeleine.

« Désolée pour mon mouvement d'humeur. J'ai parfois

l'impression que c'est sans fin.

— *Ne t'inquiète pas, je comprends. Repose-toi.* »

Jocelyne, allongée sur le lit qui a été refait durant son absence, écarte ses maigres bras et cale sa tête dans l'oreiller.

« Heureusement que tu es là, soupire-t-elle.

— *J'ai toujours été là...* »

La tondeuse du jardinier s'agite sous sa fenêtre. Elle l'écoute et en perçoit les mouvements. Un petit talus la fait vrombir puis elle se calme dans la descente. Elle passe et repasse nerveusement sur une dense touffe d'herbe. Elle reprend une route rectiligne ; son ronronnement s'éloigne. Elle contourne un obstacle puis revient avec élan escalader une petite butte.

« *Tu jardines ? demande Madeleine.*

— C'est un peu ça, répond Jocelyne. L'espace d'un instant, j'ai bien cru que c'était moi. »

Son nez se délecte de l'odeur de la terre humide.

« J'aime cette odeur.

— *Tu as un odorat très fin, fait remarquer Madeleine. La fenêtre est fermée.*

— Je me souviens de cette odeur ; je la respire. En ce moment, tous mes sens sont en éveil. Je perçois tout d'une manière exacerbée. »

Un bruit strident la fait grimacer.

« Zut, c'est encore mon voisin qui a mis son réveil. »

Le vieux monsieur, qu'elle a croisé plusieurs fois dans le couloir, est à l'image de son réveil : sec et nerveux.

« Quand je pense que j'ai fait le même type d'achat il y a quelques mois. Fallait-il que je sois maso.

— *Maso ? Peut-être avais-tu peur de ne pas te réveiller.*

— Hum... Tout comme lui, peut-être... »

Jocelyne dévisage Madeleine et s'attarde sur le contour si particulier de ses lunettes.

« J'étais très fatiguée, oui. Vidée. Je crois que cela a été une des pires journées de ma vie. Tu sais, une de ces journées où, dès le lever de paupières, tu sens qu'il y a tous les ingrédients pour que ça se passe mal. Celle-ci a commencé par ce fichu réveil.

*— Alors, regarde cette journée. Regarde-la et sens-la s'éloigner, elle n'est plus. Aucune journée ne ressemble à celle d'hier ni à celle de demain. Aucun moment n'est semblable à un autre. »*

*

D'un geste précipité, Jocelyne balaye sa table de chevet et fait voler lampe et livres ; sa main tâtonne à la recherche du réveil fou.

« Ça s'éteint où, cette machine infernale ! »

Assise et hébétée, l'objet de torture entre les mains, elle s'oblige à reprendre une respiration calme. Le silence qui suit ce moment de panique est lourd ; aux aguets, elle écoute le moindre souffle d'air, tourne la tête en tous sens, prête à découvrir l'ennemi caché derrière le rideau de taffetas rouge ou bien dissimulé dans l'armoire dont la porte est entrebâillée. La lumière de la salle de bains, adjacente à sa chambre, la réconforte. Ses doigts se desserrent doucement et elle repose avec lenteur le réveil sur ses genoux. Sa respiration saccadée fait place à de profonds soupirs de lassitude.

Pourtant rénovée de fond en comble depuis plusieurs semaines, sa chambre est encore, pour elle, un lieu nouveau ; elle s'y sent étrangère. Une décoration « prête à l'emploi » ; les meubles sont neufs, sans histoire. Par manque de temps et d'envie, elle n'a pas chiné cette armoire au bois clair ; le miroir n'a sans doute jamais reflété que son visage. Seul le fauteuil, à l'angle, trouve grâce à ses yeux de par ses coloris aux accents d'Asie qui lui rappellent son voyage en Inde.

Elle fait la moue en regardant ce réveil qu'elle a choisi la veille et se souvient des commentaires de la jeune vendeuse au sourire enfantin.

« Celui-ci vous réveillera en douceur, avec des chants d'oiseaux et un léger bruit de ruisseau. Je l'ai moi-même acheté, c'est vraiment super.

— Et celui-là ? avait demandé Jocelyne en pointant son doigt vers un réveil au design très sobre.

— C'est un concept totalement différent. Je dirai que l'alarme est plus tonique… heu… voire militaire. »

— Si je commence la journée avec des chants d'oiseaux, je ne sors plus de mon lit. Un peu de rigueur apporte de la vigueur, disait ma mère. »

Elle avait hésité quelques minutes et avait reposé sur le comptoir, le réveil enchanteur.

« Je vais prendre le militaire ; cela me donnera une bonne raison pour me lever en râlant. »

La douche n'a qu'une action limitée quant à ses effets de retour à la vie et d'annonce d'une belle journée. Elle se maquille avec attention veillant à masquer ses larges cernes. Son miroir ne lui dit pas qu'elle est la plus belle mais que, si elle continue, elle va ressembler à une palette de couleurs des années cinquante.

Tout en enfilant sa veste, Jocelyne passe en revue son planning du jour.

« Je commence par aller chercher mes blocs et je file chez le psy. Zut, il ne faut pas que j'oublie le docteur Cerdon. À quelle heure déjà ? Elle jette un œil sur le tableau de la cuisine ironiquement appelé « Son deuxième cerveau » : Onze heures quarante-cinq. Heureusement que je déjeune avec Marie, cela va me faire du bien. »

*

« Bonjour Mademoiselle. J'aurais voulu deux blocs à dessin n° 2, 125 grammes, s'il vous plaît. »

La vendeuse se dirige vers le présentoir et passe en revue les blocs.

« Désolée Madame, il ne reste que du 110 ou du 115 grammes. La prochaine livraison est prévue pour demain après-midi.

— Donnez-moi du 115 alors, ronchonne Jocelyne. »

C'est un mois de janvier qui s'est perdu dans les saisons ; il pleut quasiment tous les jours. Ses rendez-vous se situant tous dans le même quartier, elle fait le trajet à pied en maudissant son parapluie de Barbie, le seul qu'elle ait réussi à perdre dans son sac à main, tant il est minuscule.

« J'ai une demi-heure d'avance chez le psy « Je vais attendre sous le porche, il pleut trop. »

Jocelyne hésite.

« Je peux aussi aller boire un café en face. Une demi-heure… le temps de traverser… de commander… de me faire servir, de le boire et c'est bon, je suis en retard… J'attends.»

L'humidité de son manteau est ravivée par un courant d'air indélicat et elle frotte énergiquement ses bras pour se réchauffer. Elle sursaute.

« Bonjour Jocelyne. Je suis en retard ? »

Bernard coince son sac de croissants sous le bras et consulte sa montre.

« Non, vous êtes en avance. Vous attendez depuis longtemps ?

— Je suis arrivée il y a quelques minutes.

— Et vous attendez l'heure, sous un porche et en plein courant d'air. Pourquoi n'êtes-vous pas montée ?

— Je ne voulais pas vous déranger avant l'heure.

— Vous ne me dérangez pas. Nous allons même profiter de cette petite avance pour prendre un café et déguster un croissant tout chaud. On se fait les deux étages à pied ou bien on prend l'ascenseur ? »

La timide réponse de Jocelyne « Escaliers » enthousiasme le psy. Il les escalade, tel un isard, tandis que Jocelyne ahane à chaque marche. Arrivé au deuxième étage, Bernard regarde la mine déconfite de sa patiente.

« Vous aviez bien dit escaliers ? demande-t-il pour se rassurer.

— Oui, pff… C'est mon côté maso qui s'exprime depuis ce matin. »

Bernard ouvre la porte et se recule pour faire entrer Jocelyne.

« Allez-y, je vous en prie. La cuisine est juste à droite, après mon bureau, ajoute-t-il en lui donnant les croissants. J'ai un coup de téléphone à passer et j'arrive. Installez-vous. »

La cuisine, aux murs recouverts d'un jaune fluo,

agrémentée d'un carrelage multicolore au-dessus de l'évier, est particulièrement gaie. Surprenante à découvrir dans le cabinet d'un psy. Le plan de travail contient en tout et pour tout une cafetière, une bouilloire, un bocal de café, une boîte de sachets de thé et des tasses empilées, aussi colorées que la cuisine. Les portes des placards, en ardoise, affichent un planning particulièrement chargé « Conférence 2 février à Lyon – Atelier peinture Anaïs mardi 4 ». Une autre écriture attire son attention « N'oublie pas de ne pas nous oublier ». Jocelyne arrête sa lecture à l'arrivée de Bernard.

« Vous avez décidé de rester debout, lui demande-t-il ?

— Non, j'admirais votre cuisine. Elle est surprenante dans le cabinet d'un psy.

— Asseyez-vous, je vous en prie, dit-il en tirant une chaise, vers elle. Thé ou café ?

— Café, merci. »

Tout en préparant le café, Bernard continue de discuter.

« En fait, ce changement est récent. Je suis passionné par mon travail et je passe beaucoup de temps dans mon cabinet alors j'ai eu envie d'avoir un cadre agréable pour mes quelques pauses. Ces ardoises me sont très utiles pour ne pas oublier… l'essentiel. Revenons à vous. La prochaine fois que vous arriverez en avance, entrez sans sonner et installez-vous dans le salon. C'est ce que fait la majorité de mes patients.

— Il y en a qui arrivent en retard ?

— Bien sûr, pour certains c'est chronique et pour d'autres c'est la loi des embouteillages et des petits soucis de la vie quotidienne.

— Cela ne vous agace pas d'attendre ? demande Jocelyne.

— Je n'attends pas, je fais autre chose c'est tout. Et vous, cela ne vous énerve pas lorsque vous arrivez en avance ?

— Un peu, mais je ne peux m'en prendre qu'à moi.

— Vous êtes vraiment très sévère avec vous-même.

— Exigeante plutôt ; je pense que cela vient de mon éducation.

— Lors de nos deux précédents entretiens, vous avez évoqué votre mère, parlé de votre ex-mari, de votre fils, de vos amis, mais de vous…

Madeleine

— De moi ? l'interrompt Jocelyne, je n'ai fait que cela ! Je vous ai parlé de tout ce qui a fait ma vie jusqu'à présent. Je ne me suis jamais autant déshabillée devant un inconnu !

— Je vais m'exprimer autrement. Vous, Jocelyne : Qui êtes-vous ? Qu'est-ce que vous aimez ? Qu'est-ce qui vous fait vibrer ? Quels sont vos rêves ? »

Jocelyne emprisonne le mug dans ses longues mains. À cet instant, il reste la seule preuve tangible de son appartenance à ce monde. L'eau brune la subjugue. Elle s'amuse à la faire rouler de part et d'autre du bord. Elle boit quelques gorgées, l'éloigne puis recommence.

Elle s'absente dans la contemplation de son mug vide puis le tend vers Bernard.

« Je suis un contenant sans contenu. Vide, plus rien.

— Le rien est impossible. Il contient, de toute façon, de l'air. Des particules invisibles à l'œil mais essentielles à la vie.

— Je vous repose donc les mêmes questions. Qui êtes-vous ?

— Je ne le sais plus.

— Qu'est-ce que vous aimez ?

— Mon fils, mes amis.

— Pas qui, mais quoi. Qu'est-ce que vous aimez ? »

Jocelyne ne répond pas immédiatement ; elle regarde sa main qui se dirige vers les miettes de croissant qu'elle rassemble méticuleusement.

« L'amour, l'amitié et le rire.

— Qu'est-ce qui vous fait vibrer ?

— Rien, je ne vibre plus. Même mon travail ne m'enthousiasme plus ; je réponds à des demandes et j'applique des techniques. J'ai parfois quelques sursauts mais ils sont de plus en plus rares.

— Quels sont vos rêves ?

— Je ne rêve plus. Pas d'envie ajoute-t-elle d'une voix enrouée. »

Jocelyne baisse la tête et plaque ses mains sur son visage. Elle serre les doigts fortement pour ne pas laisser déborder un flot de larmes qui la submerge. Il règne un silence brumeux dans la pièce. Un chagrin oppressant étreint Jocelyne, comprime ses épaules, réduit son cou à une simple ligne. Chaque minute prend son temps, lestée de secondes de plomb. Bernard s'applique à une respiration profonde et douce. Quoique subtile, Jocelyne la perçoit et la sienne adopte son rythme. Ses mains remontent vers son front ; ses doigts fermes s'écartent et viennent masser son crâne douloureux ; ils descendent vers la nuque sur laquelle ils s'attardent en une furieuse pression. Elle renverse sa tête en arrière et murmure un « désolée » puis laisse ses bras glisser lentement vers ses cuisses. Elle affronte le regard de Bernard.

« Mon maquillage hollywoodien n'a pas dû supporter ce tsunami dit-elle.

— En effet, répond-il, mais ici c'est la vraie vie. Il y a un cabinet de toilette juste en face de la cuisine, allez-y si vous voulez. »

Pas assez coquette pour transporter une trousse de maquillage, Jocelyne ne trouve qu'un paquet de mouchoirs, par chance au complet et fermé, qui n'a pas séjourné assez longtemps dans son immense sac pour perdre sa fonction initiale de soutien jetable. Elle se regarde sans complaisance dans le miroir puis décide de sourire à son image pour lui remonter le moral.

« Pas très jolie, ma Jo, lui dit-elle en s'acharnant à frotter ses joues pour effacer son mascara. Si tu fais une dépression humide, il va falloir que tu t'équipes de waterproof. »

De retour dans la cuisine, elle affiche un visage détendu et las.

« Je me suis trompée, tout à l'heure, j'ai confondu Hollywood et Halloween.

— J'adore votre humour répond Bernard dans un petit rire. Que de temps gagné lorsque l'on rit. Café ? Croissant ? lui demande-t-il.

— Non merci. À défaut d'avoir un intérieur cohérent, je mise sur un extérieur svelte et dynamique.

— Qu'entendez-vous par un intérieur cohérent ?

— Je ne suis pas cohérente entre ce que je pense, ce que je dis et ce que je fais. C'est… »

Jocelyne fronce les sourcils à la recherche de ses mots.

« Ce n'est pas exactement cela, c'est plutôt une discordance. Ça ne colle pas, ce n'est pas fluide. Je ne me sens pas moi.

— Vous ne vous écoutez pas ?

— C'est-à-dire ?

— Faites-vous les choses spontanément ?

— Dans ma précédente vie, j'en avais l'impression. Je me sentais plus créative. Maintenant, je tergiverse en permanence, j'hésite. Je suis envahie de « Si », je suis nécrosée de petites peurs insidieuses. Cette nouvelle vie me déstabilise tellement que je ne sais pas quelle direction prendre … aller où ? Être utile à quoi ?

— L'utilité n'est-elle pas relative à la fin qu'on se fixe ? »

Cette dernière phrase reste en suspension dans l'air. Bernard se lève sans bruit, se dirige vers le plan de travail, prend un mug d'un rouge éclatant puis revient vers elle.

« Tenez, c'est un cadeau. Je vous offre un pot à crayons. »

*

Jocelyne, encadenassée dans son lit, balaye du regard la chambre fade.

« *Alors, demande Madeleine, as-tu une réponse à cette question ?*

— Laquelle ?

— *Être utile à quoi.*

— Pas vraiment. Actuellement, je mobilise toute mon énergie pour survivre.

— *Donc tu veux vivre, conclut Madeleine.* »

Surprise, Jocelyne se redresse.

« Bien sûr que je veux vivre !

— *C'était juste une remarque. Je trouve simplement que tu as plus d'appétence à la vie qu'avant d'être malade, c'est tout.*

— Je ne sais pas si on peut appeler cela de l'appétence… Aussi stupide que cela puisse paraître, j'ai pris conscience que j'étais vivante. C'est un peu comme respirer, on le fait de manière automatique. On ne se dit jamais « Tiens, c'est super, je respire aujourd'hui ! ». Tu n'imagines pas le choc que j'ai eu lorsque ma gynéco m'a annoncé que j'avais une tumeur. J'avais entendu tu-meurs. »

Jocelyne ferme les yeux et secoue la tête, comme pour effacer ses souvenirs.

« Quelle horreur, cette journée, quand j'y pense. Cela me donne des nausées ajoute-t-elle en s'arc-boutant soudainement.

— *Calme-toi, ma Jo. Prends de la distance. Regarder n'est pas revivre. »*

Épuisée, Jocelyne ferme les yeux.

« À quoi ça sert de te raconter tout cela ?

— *À te regarder. A te détacher de la maladie, car tu n'es pas la maladie. Ton rêve de la nuit dernière était révélateur en cela. Tu es la Jocelyne installée dans le fauteuil, celle qui observe.*

— Prendre de la distance est plus facile dans mes rêves. Je vais essayer de le faire éveillée...

— *N'essaye pas, fais-le. Regarde cette journée, regarde-la. »*

*

« Madame Loudet, s'il vous plaît »

D'ordinaire, madame Cerdon, gynécologue de son état, accueille ses patientes avec un large sourire. Aujourd'hui, elle tend sa main à Jocelyne et la regarde dans les yeux.

« Entrez, je vous en prie. Asseyez-vous.

— C'est la deuxième fois, en un mois, que je viens vous voir. Je n'ai jamais été aussi attentive à ma santé... la cinquantaine sans doute. Le radiologue et le laboratoire m'ont dit qu'ils vous enverraient directement les résultats.

— C'est exact, je les ai bien reçus.

— Je n'ai pas apprécié que l'on ne me les donne pas. J'ai eu l'impression que l'on me cachait quelque chose. C'est vraiment désagréable.

— Je comprends bien, oui. C'est pour éviter toute

interprétation. La moindre anomalie déclenche chez certaines personnes de véritables paniques. »

Madame Cerdon relit les résultats et met en contre-jour les radios.

« Madame Loudet... les résultats laissent pressentir des... complications.

— Des petites complications ?

— Non... Enfin, peut-être. Nous devons réaliser de nouveaux examens, très rapidement.

— Des complications de quel ordre ?

— Le fibrome n'en est peut-être pas un. Il pourrait s'agir, je dis bien il pourrait s'agir... d'une tumeur.

— Pardon ? Tu meurs ? »

Les yeux ronds de Jocelyne expriment son anxiété.

« Il ne s'agit que d'une hypothèse, se reprend le médecin.

— Un cancer ?

— Nous n'en sommes pas là, nous avons besoin d'analyses complémentaires.

— Bien sûr, il y a tellement d'autres possibilités que celle-ci. N'est-ce pas ? »

Jocelyne se tient droite dans son fauteuil et plante son regard dans celui de madame Cerdon. Cette dernière baisse les yeux, esquisse un vague sourire et commence à écrire sur son carnet d'ordonnances.

« Nous allons commencer par une hystéroscopie.

— Désolée, mais en termes plus accessibles, pourriez-vous m'expliquer ce qu'est une hystéroscopie ?

— Bien sûr, une hystéroscopie permet d'examiner en détail l'utérus à l'aide d'une mini caméra. Si l'on remarque quelque chose d'anormal, on prélève des échantillons de tissu qui seront, par la suite, analysés en laboratoire. C'est ce que l'on appelle une biopsie.

— Ça fait mal ? demande Jocelyne, en grimaçant.

— Non, je qualifierai ces examens de désagréables mais pas de douloureux.

— Hum... commente Jocelyne. Où dois-je aller faire pratiquer ces examens ?

— Je vous propose d'aller les faire à l'hôpital ; j'y travaille également.

— Oui, d'accord, soupire Jocelyne. »

Par réflexe, elle se recule dans son fauteuil et resserre le col de sa veste. Elle regarde madame Cerdon écrire et cherche à lire dans ses pensées.

« Selon vous, c'est quoi ? demande-t-elle.

— Vous savez, Madame Loudet, en médecine le « selon » n'existe pas ; il y a ou il n'y a pas. Nous sommes dans une phase d'investigation, je ne pourrai répondre à votre question que lorsque nous aurons les résultats. Je comprends bien votre inquiétude, plus vite vous aurez fait ces examens et plus vite nous aurons la réponse. Quand êtes-vous disponible ?

— J'aimerais me débarrasser de cela le plus tôt possible. Je suis travailleur indépendant. Je peux m'arranger pour déplacer mes rendez-vous.

— Très bien, alors je m'en occupe. Je vais à l'hôpital demain ; je vous rappelle pour vous donner la date de l'hystéroscopie. »

Jocelyne se lève en prenant appui sur les accoudoirs de son fauteuil.

« C'est très gentil à vous, Madame Cerdon. Je vous remercie… Très bien, attendons... Je me dépêche, je déjeune avec une amie ; elle a le don pour me faire rire… Cela tombe bien ! »

Le médecin se lève à son tour et raccompagne Jocelyne à la porte.

« J'aime bien, moi aussi, les « déjeuners-copines », c'est excellent pour la santé. Je vous rappelle demain, Madame Loudet. Au revoir.

— Merci, à demain. Au revoir. »

*

« C'est curieux Madeleine, lorsque je revois cette scène, je me dis que je savais déjà que j'avais un cancer… Le docteur Cerdon, aussi.

— *Tu sais plus de choses que tu ne le crois ; tu ne t'écoutes pas, c'est tout.*

— C'est quoi, s'écouter ? Se regarder le nombril ?

— *Pas du tout. C'est prendre conscience de nos émotions, de nos réactions, de notre ressenti.*

— Ma technique est différente. Quand une situation ne me convient pas, je la mets dans ma case « On verra plus tard ».

— *Alors, il faut croire que ta case a débordé. Donc, qu'as-tu fait après ce rendez-vous ?*

— J'ai classé « cancer » dans la case appropriée et je suis allée rejoindre Marie. »

*

Rendez-vous au restaurant « État d'Esprit » à douze heures trente et il est treize heures.

Installée à une table, Marie attend son amie en feuilletant quelques publicités. Quand on la regarde, elle inspire gaieté et joie de vivre. Elle a une étouffante chevelure frisée retenue par une énorme barrette bleue, de la même couleur que ses lunettes.

« Bonjour Marie. Désolée pour le retard, j'étais chez le médecin.

— Tu es malade ? demande Marie.

— Non, pas encore.

— Tu l'as prévu pour quelle date, dit Marie en éclatant de rire.

— Quand je serai très très vieille. Bon, je vais quand même faire quelques examens.

— Tu vas faire des examens de quel genre ?

— Un truc du genre hystécopie.

— Tu veux dire hystéroscopie ? traduit Marie.

— Oui, c'est ça. T'as fait médecine ?

— Non, j'ai déjà eu un examen de ce type.

— Ah bon ! Ça fait mal ?

— Non, ça va, c'est très désagréable. Tu as rendez-vous quand ?

— Normalement je vais le faire dans les jours qui viennent, ma gynéco a l'air pressé.

— Tu ne fais que ça comme examens ?

— Ce sera en fonction des résultats, je suppose. Moi qui ai horreur des médecins, je suis servie. Oh, ce n'est pas grave, on verra plus tard. Et toi, ça va ?

— Moi, ça va, c'est ma boîte qui ne va pas bien. Elle était touchée, maintenant elle va couler ; un gros client lui a donné l'estocade.

— Tu es sûre de ce que tu avances ?

— Oui, je ne peux pas en être plus sûre. Je te rappelle que j'en suis la comptable.

— Oui, c'est vrai, j'oublie toujours. Je n'arrive pas à t'imaginer faire ce métier.

— Et pourtant, c'est ce métier qui me nourrit. Je crois bien que je vais devoir chercher du travail. A mon âge, ma bonne dame ! C'est pas ben facile !

— Eh, la mamie ! l'arrête Jocelyne, T'es même pas vieille !

— D'accord, réplique Marie, le seul problème, c'est que nous ne sommes que deux à le savoir ! »

Le travail, les enfants, les amours et il est déjà quatorze heures. Jocelyne met sa veste rapidement tout en essayant de récupérer sa chaussure qu'elle a coincée dans un des pieds de la chaise.

« Oh là là, t'as vu l'heure ? J'ai rendez-vous à quinze heures ! C'est pas vrai ! En plus, je dois aller chercher ma voiture. Je suis fatiguée en ce moment. J'ai vraiment besoin de vacances. Tiens, et si on se faisait un petit week-end « copines », ce serait sympa, non ?

— Je vois ça avec Sylvie. Elle me disait justement qu'elle avait envie d'aller prendre l'air, ce week-end. Vu la pêche que l'on a, cela va nous faire du bien. La première qui pleure paye le resto ! »

\*

Jocelyne fonce à son rendez-vous. Il ne s'agit pas de n'importe quel rendez-vous, c'est chez le célèbre éditeur « Voix du monde ». Il souhaite faire une campagne publicitaire pour le prochain salon du livre.

Elle a préparé cet entretien et a emmené quelques esquisses

qu'elle a glissées dans une immense chemise cartonnée. Il est juste quinze heures « l'exactitude est la politesse des rois » disait sa mère.

Ce n'est, a priori, pas l'avis de tout le monde car elle attend depuis près d'une heure dans une salle dont le mobilier au style très moderne jure avec des murs de plus de trois siècles.

Le directeur général, Paul Antin, un vieux/jeune de la soixantaine, vient en personne la chercher et lui présente ses excuses.

« Madame Loudet, bonjour. Désolé pour ce retard, j'ai toujours beaucoup de mal à tenir mon timing. Je ne sais plus quel imbécile a dit « « L'exactitude est la politesse des rois » ; il n'était pas débordé, lui.

— C'est Louis XVIII, il me semble, répond d'une petite voix Jocelyne, presque gênée d'avoir eu cette pensée.

— Quelle culture, Madame Loudet ! Entrez, je vous en prie. Qui a dit « L'exactitude est la politesse des montres ? »

— Heu, un humoriste ? propose Jocelyne.

— Non, un membre de l'Académie Française... Jean Dutourd. »

Jocelyne apprécie cette manière d'être. Il n'a pas l'air de se prendre au sérieux.

La décoration du bureau est à l'image du salon dans lequel elle a patienté. Il a dû choisir des sièges inconfortables pour éviter que les entretiens ne durent trop longtemps : une ruse, afin de respecter son timing. Le bureau métallique est quasiment vide ; un parapheur au nom des éditions parade dans un angle.

Elle s'est toujours demandé si les bureaux rangés étaient un signe de bonne organisation ou bien de sous-activité.

La réponse est rapide ; Paul Antin se lève et se dirige vers une armoire dissimulée dans un des murs du dix-septième siècle. Elle est admirablement rangée ; il en sort une chemise beige impeccable.

Une chance, la sienne, sa grosse enveloppe cartonnée et tombant en décrépitude, est cachée sous le bureau. Elle en ressort trois esquisses, un paquet de chewing-gum, l'ordonnance du docteur Cerdon ainsi que sa liste de courses.

Le tout forme un ensemble artistique surréaliste au milieu du magnifique bureau de son client. Le sourire moqueur de ce dernier lui indique qu'il l'a classée indubitablement dans la catégorie des « artistes », ce qui, en fait, compte tenu de leurs relations, tombe plutôt bien.

Il étale les trois dessins sur son bureau et en élimine tout de suite deux qu'il rend à Jocelyne.

« Trop classiques, ils ne donnent pas envie de lire. J'aime bien celui-ci, un livre transparent au travers duquel on distingue des personnages de tous genres et de tous âges. Manque un peu de couleurs sur les personnages… »

Il tend son bras et penche la tête afin de l'observer sous un autre angle.

« Oui, c'est pas mal, pas mal du tout. »

Il rend le dessin à Jocelyne, prend son impeccable dossier beige, qu'il n'a même pas ouvert, et le range dans un des tiroirs de son bureau. L'entretien est terminé ; Jocelyne n'a pas encore eu le temps d'avoir mal aux fesses.

« Que dois-je en déduire, Monsieur Antin ?

— Que votre projet est retenu. Je vous raccompagne jusqu'au bureau de mon assistante ; elle vous donnera les coordonnées de la personne chargée de la communication. Vous verrez avec elle les aspects pratiques et financiers de votre intervention.

— Eh bien, je vous remercie, bredouille Jocelyne en rangeant son dessin.

— Au plaisir de vous revoir, Madame Loudet. »

L'assistante est aussi expéditive que son patron. En deux minutes et demie, elle a noté, sur une carte de visite, les coordonnées de la chargée de communication, madame Couderc, et lui tend la carte.

\*

*« Et tu as pu faire tout cela dans l'état de fatigue dans lequel tu étais ? demande Madeleine.*

— Oui, j'étais très concentrée. Mais dès que je suis remontée dans ma voiture, j'ai senti que j'étais au bout du bout. Je n'avais qu'une seule envie c'était d'aller me coucher. »

Jocelyne pose ses mains sur son ventre crispé.

*« Détends-toi. Respire profondément. À chaque expiration, tu te détends... C'est bien, continue. Tu regardes uniquement. Regarde... »*

\*

Le retour chez elle est plus long que prévu. Elle n'a quitté l'éditeur que depuis dix minutes, lorsqu'elle sent une vive douleur déchirer son ventre ; elle n'a que le temps de se garer et se plie en deux. Des perles de sueur roulent sur son visage ; elle ouvre la fenêtre et respire avec avidité. La douleur lui donne des nausées, elle renverse son siège et s'oblige à maîtriser sa respiration haletante. Un jeune homme se tient près de la voiture et lui propose son aide.

« Je peux vous aider, Madame ? Vous n'avez pas l'air bien.

— Non, je vous remercie. Ça va aller, le rassure Jocelyne tout en se redressant. »

Le passant, soucieux, se retourne à plusieurs reprises avant de se décider à traverser la rue.

La douleur est passée mais une vague de fatigue la submerge. L'air frais qui l'avait rassérénée la glace maintenant ; elle est parcourue d'un frisson et remonte la fenêtre.

Elle trouve un bonbon à la menthe dans sa boîte à gants et le suce lentement. Elle a retrouvé à peu près ses esprits lorsqu'elle sent une chaleur inonder ses cuisses. Elle baisse les yeux et constate avec horreur que du sang transperce son pantalon.

Jocelyne ferme les yeux pour effacer cette vision et ses mains enserrent le volant avec force.

« Ce n'est pas possible... Téléphoner à madame Cerdon... L'ordonnance ? ... Dans le carton à dessins ! ».

Posé sur les sièges arrière, elle se contorsionne pour l'atteindre et jette tout, pêle-mêle, jusqu'à ce qu'elle la retrouve.

« Pourrais-je parler au docteur Cerdon, s'il vous plaît, de la part de madame Loudet. C'est très urgent, merci.

— Elle est en consultation, je ne peux pas la déranger. Je peux lui laisser un message ? propose l'assistante.

— C'est urgent ! hurle Jocelyne, je perds mon sang !

— Ne quittez pas s'il vous plaît, je vous la passe.

— Docteur Cerdon j'écoute.

— Docteur Cerdon ? halète Jocelyne. Je suis venue ce matin, Madame Loudet... Je viens d'avoir une douleur intense dans le ventre et maintenant je perds du sang. Qu'est-ce que je fais ?

— Où êtes-vous ?

— Je suis dans ma voiture, cela vient juste de m'arriver.

— Mettez l'ampli de votre portable et écoutez-moi. »

La voix du médecin est calme, rassurante, presque envoûtante.

« Maintenant, appuyez votre dos sur le siège... Respirez profondément, lentement... Prenez plusieurs bonnes respirations... Comme ça, c'est bien. Détendez-vous... »

Jocelyne suit attentivement les instructions et son rythme cardiaque ralentit, sa respiration s'apaise. Elle humidifie ses lèvres sèches et reprend la communication.

« Je suis désolée pour ce moment de panique.

— C'est moi qui suis désolée pour vous. Allez directement aux urgences de l'hôpital. Voulez-vous que je vous envoie les pompiers ou bien vous sentez-vous capable d'y aller seule ?

— Je pense que je peux me débrouiller.

— Allez-y et téléphonez-moi lorsque vous arriverez. J'ai encore deux consultations et je vous rejoins. C'est sûr, ça va aller ?

— Oui, cela va beaucoup mieux, la douleur a disparu. Je suis à environ quinze minutes de l'hôpital ; je vais y aller doucement.

— Bon, faites comme vous le sentez. N'oubliez pas de m'appeler dès que vous arriverez. Je préviens l'hôpital. À plus tard et bon courage. Surtout si cela ne va pas, vous vous arrêtez. D'accord ?

— Oui, oui, entendu. Merci.»

Jocelyne conduit comme un automate jusqu'aux urgences de l'hôpital. Le sang commence à sécher et son pantalon colle à ses cuisses. Elle boutonne son manteau, avant d'entrer dans la salle puis se dirige vers l'accueil.

« Bonjour, je m'appelle Jocelyne Loudet. Je pense que le docteur Cerdon a dû vous prévenir de mon arrivée.

— Veuillez patienter, s'il vous plaît, lui répond une infirmière. Elle consulte son carnet de liaison : Jocelyne Loudet, c'est cela ?

— Oui, c'est ça. »

L'infirmière s'absente quelques minutes puis réapparaît dans l'encadrement d'une porte qui donne dans la salle d'attente.

« Entrez, je vous en prie. Si vous voulez bien me suivre, je vais vous emmener dans une pièce dans laquelle vous pourrez vous reposer. »

La pièce en question est équipée d'un lit haut sur roulettes, de lavabos et d'appareillages en tout genre.

« Je dois m'allonger ?

— Cela paraît préférable, vous pourriez avoir un malaise. Le docteur Cerdon ne va pas tarder à arriver, nous l'avons prévenue. Nous lui laissons le soin de vous examiner, à moins que vous ne souhaitiez voir un interne en attendant ?

— Non, cela ira, je vous remercie. Je préfère attendre madame Cerdon. »

La porte de la pièce est restée ouverte ; Jocelyne regarde les allées et venues du personnel soignant et des patients. Depuis combien de temps n'est-elle pas venue dans un endroit pareil ? Au moins douze ans ; c'était lorsque Marc, son fils, s'était cassé le poignet lors d'un match de basket. Oui, douze ans, elle s'en souvient bien car c'était le lendemain de son anniversaire ; il venait d'avoir quinze ans.

Il avait été très déçu car c'était le poignet gauche et il était droitier. Dommage, il avait pu écrire et, bien sûr, continuer d'aller à l'école. « Pas de chance », avait-il dit.

Marc ? Non, elle n'allait pas le prévenir qu'elle était ici ; il allait être inquiet inutilement.

Le long du mur, face à elle, une vieille dame, étendue sur un lit roulant, l'observe. Un brancardier d'une vingtaine d'années s'approche d'elle et, du haut de sa jeunesse, lui hurle dans les oreilles.

« Ça va aller Madame Muller, deux ou trois jours ici et vous repartirez sur vos deux jambes, comme une jeune fille !

— Vous avez quel âge, jeune homme ? demande la vieille dame.

— Vingt-deux ans, pourquoi ?

— On est éternel à votre âge, mon Petit. »

Gênée, Jocelyne détourne son regard lorsque la vieille dame repart, allègrement poussée par le jeune brancardier. La chaleur de l'hôpital engourdit son corps et son esprit ; elle entend de loin en loin l'agitation. Elle est réveillée par un médecin aux demi-lunes en équilibre sur son nez.

« Madame Auribeau ?

— Non, arrive à articuler Jocelyne. Madame Loudet.

— Excusez-moi, alors, c'est une erreur. »

Le médecin repart en maugréant contre l'incompétence du personnel.

Les yeux entrouverts, Jocelyne se laisse envahir par les odeurs et le bruit.

« Je n'aime pas les hôpitaux. Ils me font peur. »

L'infirmière revient, une heure plus tard, accompagnée de madame Cerdon.

« Re-bonjour Madame Loudet, vous allez mieux ? demande le Docteur.

— Beaucoup mieux, la douleur est passée. C'est impressionnant le sang que j'ai perdu. »

Tout en se déshabillant, le médecin parle à l'infirmière.

« Pourriez-vous m'apporter une blouse, un spéculum et des compresses, s'il vous plaît ?

— Je vous les apporte tout de suite.

— Madame Loudet, merci de retirer votre manteau. Allongez-vous, s'il vous plaît. »

Madame Cerdon met la blouse que l'infirmière lui a apportée puis se désinfecte les mains et les bras.

« Je vais vous aider à retirer votre pantalon. Allez-y

doucement, nous ne sommes pas pressées… Voilà, c'est fait… Restez allongée, je vais nettoyer votre ventre et vos cuisses. Décontractez-vous. Respirez lentement et profondément. »

Jocelyne se laisse faire comme une enfant. Insidieusement des larmes roulent sur ses tempes. Madame Cerdon le remarque et ne dit rien ; ses gestes sont empreints d'une grande délicatesse. Après l'avoir auscultée, elle la recouvre d'un drap propre.

« Les saignements sont légers mais ils persistent. Il me paraît plus raisonnable que vous restiez au moins deux jours en observation, cela nous donnera l'occasion de faire les examens que nous avions prévus.

— Deux jours ! s'exclame Jocelyne.

— Oui, cela est nécessaire, insiste le médecin.

— J'ai un travail à rendre pour vendredi et nous sommes mardi, je n'aurai jamais le temps. J'ai des rendez-vous aussi ! »

Jocelyne éclate en sanglots et cache son visage derrière ses mains.

« Je suis désolée, je me sens un peu dépassée. Je n'avais pas prévu cela.

— Oui, je sais bien, on ne prévoit jamais ce genre de choses. Vous connaissez quelqu'un qui pourrait venir vous apporter des vêtements ?

— Oui, je vais appeler une amie.

— Bon, je vous laisse téléphoner tranquillement. Pendant ce temps-là, je vais aller chercher un café. Je vous en ramène un ?

— Merci, avec plaisir. Cela me fera du bien. »

Hébétée, assise sur le bord du lit, Jocelyne se penche pour attraper son sac, resté sur le sol.

« Marie ? Bonjour, c'est Jo. J'ai un petit problème. »

Sans prendre le temps de respirer, Jocelyne raconte à Marie ce qui s'est passé depuis qu'elles se sont quittées.

« C'est une horreur, conclut Jocelyne. J'espère que cela ne sera pas trop grave. Tu peux m'apporter quelques affaires, s'il te plaît ?

— Bien sûr, ne t'inquiète pas, ma Jo.

— Le double des clés est chez la concierge, reprend Jocelyne. Tu prends ce qui te tombe sous la main ; si tu pouvais aussi m'apporter mes crayons et des cansons ce serait bien.

— Je fais pour le mieux. Tu as prévenu Marc ? demande Marie.

— Non, je ne veux pas l'inquiéter, ce n'est peut-être rien.

— Ok. Je pense que je serai là d'ici une heure. Si tu as besoin d'autre chose, tu m'appelles. Même si tu n'as besoin de rien d'ailleurs.

— Tu es à ton travail, cela peut attendre ce soir, tu sais.

— Mes soustractions attendront demain. Pas de soucis.

— T'es trop mignonne, merci, dit Jocelyne avant de raccrocher. »

Madame Cerdon revient un café dans une main et une tablette de chocolat dans l'autre.

« J'ai toujours un petit stock de chocolat dans mon bureau. Dites-moi, avez-vous trouvé quelqu'un qui pouvait vous apporter des affaires ?

— Oui, une de mes amies va venir.

— En attendant que l'on vous installe, je vous propose de me donner vos cartes de sécurité sociale et de mutuelle afin que je puisse vous inscrire.

— Je vous remercie. Effectivement, dans ma tenue, il ne me paraît pas très raisonnable de me promener dans les couloirs de l'hôpital. »

*

« *Tu as réussi à plaisanter de ta situation ? s'étonne Madeleine*

— Ce n'était pas calculé, c'est un réflexe chez moi. Quand cela ne va pas, je tourne la situation en dérision. C'est ma manière de dédramatiser.

— *Et ça marche ?*

— Disons que cela marche quand il y a quelqu'un ; j'ai horreur que l'on s'apitoie sur moi.

— *Et quand il n'y a personne ?*

— C'est plus difficile ; j'ai toujours l'impression que c'est de ma faute. Alors, je me dis « assomme ».

— *Assomme ? »*

Jocelyne sourit de son lapsus.

« Je voulais dire assume. Ceci étant, assomme est plus près de la vérité. Je m'assomme plus que je ne m'assume. Il suffit de me regarder.

— *Je ne partage pas ton avis. Quand je te regarde, je vois ta force et ton courage. »*

Madeleine marque un temps d'arrêt puis ajoute :

« *Il peut s'agir d'un point ou bien d'une parenthèse, à toi de choisir.*

— Choisit-on toujours ? s'interroge, dubitative, Jocelyne.

— *Dans ton cas, oui, tu as le choix.*

— Tu me diras, il faut bien mourir un jour. Tu vois, ce jour-là, j'aimerais bien avoir la sérénité de Mamie Muller.

— *Mamie Muller ?*

— Oui, c'est une dame que j'avais rencontrée lors de ma première hospitalisation. »

\*

Jocelyne reste trois jours à l'hôpital. Elle a encombré sa chambre de cartons, d'esquisses et de crayons. Elle dessine lorsque Marie téléphone.

« Ne t'inquiète pas Marie. C'est pas mal ici, tout compte fait ; on n'est pas dérangé. »

— Ça va ? Tu te sens en forme ? demande son amie. Si tu veux, on peut annuler le week-end.

— Non, non, cela va me faire du bien. Je n'ai plus mal au ventre et mes saignements se sont arrêtés. J'ai encore quelques examens à faire et, normalement, je devrais sortir demain en début d'après-midi. Le docteur va venir me donner les résultats avant que je ne sorte. Sinon, tu te souviens, je t'avais raconté l'histoire de la mamie que j'avais croisée aux urgences ?

— Oui, pourquoi ?

— Je ne sais pas, je n'arrête pas de penser à elle. Je m'en veux de ne pas l'avoir regardée quand on l'a emmenée dans sa chambre, c'est bête hein ?

— Qu'est-ce qui t'empêche d'aller la voir ? Tu connais son nom ?

— Oui, madame Muller. Mais, si je vais la voir, elle va se demander qui est cette folle, non ?

— Qu'est-ce que tu en sais ?

— Je n'en sais rien, mais on ne se connaît pas.

— C'est toi qui vois, cela peut aussi lui faire plaisir.

— Hum… Pourquoi pas, je ne sais pas, je vais y réfléchir. »

Jocelyne se remet à ses croquis mais l'inspiration n'y est pas. Elle doit trouver un logo pour une société de pompes funèbres et cela ne l'inspire pas. La jeune femme, qui dirige cette enseigne, est plutôt gaie de tempérament et, quand elle pense au logo, elle voit son image ; une figure triste et rabougrie lui aurait sans doute donné plus d'idées. Elle repose ses feuilles et ses crayons, s'allonge sur son lit et allume la télévision.

« Quelle horreur ces programmes ! Film de guerre, émission « Déballe-moi ta vie », émission politique et vie des animaux. Quel choix ! Va pour les animaux ! »

Jocelyne fixe l'écran et ne s'est pas rendu compte que la lionne avait déjà dévoré deux gazelles. Elle pense à Mamie Muller et se demande si elle est morte ; c'est sans doute ce logo qui l'obsède.

À vingt et une heures trente, les visites étant terminées, il règne un grand calme dans les couloirs. Ce silence n'est dérangé que par le bruit des téléviseurs en sourdine.

Jocelyne se dirige vers la salle d'attente à la recherche d'un magazine qui lui permettrait de s'endormir sans se poser de questions métaphysiques.

Ce n'est pas le choix qui manque et elle hésite beaucoup. Une infirmière sort de la chambre située en face.

« Bonne nuit Madame Muller. Appelez-moi, si vous avez le moindre souci. »

« Madame Muller… Ma Mamie… »

Elle s'approche de la chambre tout en épiant le moindre

bruit.

Lorsque l'infirmière de nuit passe de nouveau, elle fait sursauter Jocelyne qui se justifie.

« Excusez-moi, j'ai croisé madame Muller aux urgences hier et je me demandais comment elle allait. »

L'infirmière ne répond pas et secoue négativement la tête.

« Vous pouvez aller la voir si vous voulez. Voyez avec elle si cela lui ferait plaisir d'avoir un peu de compagnie. »

Jocelyne n'a pas envisagé cela de cette manière et elle reste devant la porte sans oser entrer. Elle est certaine que Mamie Muller a entendu et elle se sent obligée d'y aller, au moins quelques minutes.

La vieille dame ouvre les yeux quand Jocelyne entre ; elle l'accueille avec un large sourire. Jocelyne est embarrassée.

« Bonjour Madame... je m'appelle Jocelyne, je... suis votre voisine... Heu... nous nous sommes croisées aux urgences, vous vous rappelez ?

— Bonjour Jocelyne, je m'appelle Alice... Je me souviens de vous. Vous allez mieux ?

— Oui, beaucoup mieux, je vous remercie. Et vous ?

— Ça va. Il me semble que c'est bientôt l'heure du départ. À quatre-vingt-onze ans, cela me paraît plutôt normal.

— Je ne veux pas vous déranger, dit Jocelyne, déconcertée.

— Vous ne me dérangez pas, cela me fait plaisir de voir quelqu'un avant de partir.

— Comment pouvez-vous être certaine que ... chuchote Jocelyne.

— Il ne s'agit pas de certitude mais d'évidence. »

Son regard se perd dans la pénombre et elle ajoute.

« Je suis une vague dans la mer qui se transforme doucement en une eau calme, bientôt je ne serai plus une vague mais je serai la mer. Il y aura d'autres vagues et la mer continuera d'exister.

— C'est très joli ce que vous venez de dire, c'est une image magnifique...

— C'est aussi ce que je m'étais dit lorsque j'avais lu cette phrase, il y a quelques années. Et cette image, aussi belle soit-elle, est en deçà de la vérité. »

Mamie Alice s'assoupit et Jocelyne s'assoit avec lenteur sur la chaise près du lit. On voit à peine le corps de la vieille dame se soulever lorsqu'elle respire ; ses mains ridées et tâchées sont posées sur le drap. Jocelyne reste là, deux heures, peut-être trois. Sa notion du temps a totalement disparu. Les yeux fermés, une psalmodie tendre et douce la berce « Je ne serai plus une vague mais je serai la mer …». Elle voit la mer, le mouvement des vagues et leur écume qui caresse le sable. Une curieuse sensation d'être dans un autre espace-temps…

Un léger mouvement de Mamie Alice la sort de sa transe. Jocelyne regarde la vieille dame dont le visage est lisse ; les marques du temps ont disparu et seul son sourire énigmatique resplendit. Elle bouge sa main afin que Jocelyne la prenne ; Jocelyne glisse la sienne sous celle de la vieille dame.

Mamie Alice parle difficilement, on entend à peine le son de sa voix.

« Je crois que je vais dormir. Merci pour votre agréable compagnie. »

Émue, Jocelyne ne peut s'empêcher d'embrasser la vieille dame.

« Je vous remercie de… »

Elle ne termine pas sa phrase ; elle ne sait pas pourquoi elle dit merci.

Retournée dans sa chambre, Jocelyne reste longtemps allongée à regarder le plafond « Je ne serai plus une vague, mais je serai la mer ». C'est avec ses larmes mêlées au crayon qu'elle dessine le logo de la société des pompes funèbres.

Outre le logo, Jocelyne fait un joli dessin qu'elle destine à Alice, un petit cadeau à sa manière, sur lequel elle a marqué « Amicalement - De la part de Jocelyne ».

Le lendemain matin, elle le remet à la jeune femme qui apporte les petits déjeuners.

« Pouvez-vous glisser cette enveloppe dans la serviette de madame Muller, s'il vous plaît ».

La jeune femme revient une demi-heure plus tard avec le dessin.

« Désolée, madame Muller est décédée vers cinq heures, ce matin. »

Madeleine

Ce dessin, pas plus grand qu'une carte postale, est un coloriage : un mélange de mauve et de bleu dans lequel elle n'a tracé que quelques lignes courbes.

*

Jocelyne s'arrête dans son récit, tout empreinte de ce moment particulier.

« Tu te rends compte, Madeleine, elle m'avait dit « c'est une évidence » et quelques heures plus tard elle était morte. Même pas angoissée, toute sereine, comme si elle partait en voyage.

— *Certains partent et d'autres meurent...*

— Moi, je ne veux pas mourir, j'ai bien trop de choses à faire.

— *Et quoi donc ?*

— Tu as de ces questions !

— *Tu veux faire des choses, comme tu dis, pour vivre ou survivre ?*

— Vivre bien sûr. Je ne te suis pas.

— *Réfléchis bien, qu'as-tu fait ces derniers temps ?*

— Ben, d'accord, pas grand-chose. J'avais envie de rien, il me manquait le petit « truc ».

— *Et ce petit « truc » tu l'avais avant ?*

— Je ne me posais pas la question, je faisais.

— *Comment tu l'appelles, ce petit « truc » ? »*

Jocelyne reprend avec humour, la dernière phrase de Madeleine.

« Comment s'appelle ce petit « truc » ? Je dis « truc », mais c'est quoi, en fait, un « truc » ? Il faut que je regarde dans mon dictionnaire la définition de « truc ».

— *Décidément, ton dico c'est ta bible.*

— Oui, cela lui ressemble. Tu lis les mots et après tu les replaces dans leur contexte. Et c'est là que ça se gâte. »

Jocelyne tend le bras vers le sacro-saint dictionnaire, occupant la moitié de sa table de chevet. Elle chausse ses demi-lunes et s'empresse d'atteindre les T.

« Ça y est : Truc. Sens 1 : Astuce. Sens 2 : Procédé utilisé pour créer une illusion. Sens 3 : Mot qui sert à désigner une chose sans la nommer.

— *Alors, lui demande Madeleine, cela t'aide ? Spontanément, quels sont les mots qui résonnent chez toi.*

— Créer une illusion. C'est curieux, je pensais surtout au sens 1 et au sens 3 et je m'attache au sens 2. Je vais le relire : Procédé utilisé pour créer une illusion. Bouh ! Cela s'embrouille. Nous sommes parties du « truc » qui me manque et on en arrive à « créer une illusion ».

Madeleine éclate de rire.

« *Et le raccourci entre les deux, c'est quoi ?*

— Avant, je vivais dans l'illusion... Cela me paraît un peu tiré par les cheveux, non ?

— *Continue, tu verras bien où cela te mène.*

— L'illusion de quoi ? Aide-moi, Madeleine !

— *Tu n'as pas besoin d'un « prêt-à-penser ». Réfléchis.*

— « Prêt-à-penser », tu rigoles ! J'ai passé ma vie à dire : Pourquoi ?

— *Cela dépend des réponses que tu as retenues. Ce sont les tiennes ou celles des autres ?*

— Un amalgame des deux, je suppose.

— *Je te propose de ne retenir que tes réponses et d'oublier les autres.*

— Tu plaisantes, Madeleine, je ne vis pas sur une île déserte. C'est ma relation aux autres qui m'a permis de me construire.

— *Cinquante ans, c'est un bon début, mais maintenant tu peux passer à autre chose, non ? Remarque que tu es presque sur une île déserte aujourd'hui. J'ajoute, momentanément. Profites-en, alors.*

— Je te remercie pour ton aide précieuse, bougonne Jocelyne. Très bien, reprenons : « Avant je vivais dans l'illusion ».

Jocelyne se répète la phrase.

« Est-ce que cela veut dire que je regarde et vis le monde qu'au travers de ma propre perception, ma propre illusion ? »

Madeleine reste silencieuse.

« Aide-moi, Madeleine, s'il te plaît.

— *Continue.*

— Bon, d'accord... Si ma perception est une illusion, je peux supposer que celle des autres l'est également... »

Jocelyne se masse lentement le front et les tempes.

« J'ai mal à la tête, Madeleine, je crois que je vais dormir un peu.

— *Repose-toi, oui. Tu en as besoin.* »

*

Entre veille et sommeil, Jocelyne sourit. Son visage détendu laisse supposer un joli rêve. Sa main se lève très légèrement comme un signe d'au revoir. En la reposant, elle entrouvre les yeux puis les referme. Elle chuchote :

« Madeleine, j'ai rêvé d'Alice.

— *Tu parles de ta Mamie ? demande Madeleine.*

— Oui, Mamie Muller. J'ai rêvé que nous étions toutes les deux sur un bateau, plutôt une barque. Elle avait une robe claire et longue, une robe du début du XXème et un grand chapeau de paille. Elle s'amusait à m'éclabousser et cela la faisait rire. Après cela, nous nous sommes retrouvées devant la porte de chez moi. Elle l'a ouverte puis elle s'est effacée. Elle m'a dit : Vas-y, rentre chez toi. Alors je suis rentrée et, quand je me suis retournée, elle avait disparu. J'ai regardé par la fenêtre du salon et elle était dans la rue. Elle m'a fait un petit signe de la main et Pff envolée.

— *Eh bien, ce n'est pas un rêve banal, fait remarquer Madeleine. Le monde magique de Jocelyne...* »

Jocelyne se frotte les yeux pour revenir à la réalité.

« Tu peux te moquer mais c'était vraiment très agréable. Je ne sais pas pourquoi elle m'a tant marquée cette vieille dame.

— *Te sens-tu moins fatiguée, maintenant ?*

— Moins épuisée, peut-être... J'insiste, mais je suis sûre que cette Mamie était particulière. Dans mon rêve, j'ai eu le même ressenti que lorsque j'étais allée la voir dans sa chambre. Qu'est-ce que j'ai été triste le lendemain, lorsque l'on m'a dit qu'elle était heu... partie.

— *Qu'as-tu fait après ?*

— J'ai préparé mes bagages tout en pleurant. Un peu stupide, je te l'accorde, mais j'étais très émue. Même lorsque j'ai enfin ouvert le sac de voyage que Marie m'avait ramené, je n'ai même pas ri. Je lui avais dit « ce qui te tombe sous la main », là, elle avait fait fort. Tomber sous la main de Marie veut dire : Jaune, rouge, bleu…

— *J'aime beaucoup ton amie Marie.*

— Moi aussi. Malheureusement, il n'y avait que le sac de voyage qui contenait de la couleur. C'est vraiment à partir de ce moment-là que le cauchemar a commencé et impossible de le mettre dans la case « On verra plus tard ». »

Jocelyne secoue la tête pour en chasser les images.

« Je suis désolée, Madeleine, je n'arrive pas à regarder. Je revis toutes ces scènes et j'ai mal !

— *Je comprends bien. Alors je vais t'aider. Commence déjà par te détendre.*

— Me détendre ? Mais je suis déjà une loque ! Tu t'imagines si je lâche ? Mais je ne vais plus tenir debout !

— *Cela n'a rien à voir. Te détendre, c'est te détendre à l'intérieur, lâcher prise.*

— C'est la même chose ! Je ne peux pas lâcher prise. Si je le fais, je vais mourir. C'est ma volonté qui me permet de vivre encore !

— *Et tu crois que te détendre va annihiler ta volonté ?*

— Et bien oui. Si je lâche, cela veut dire que je ne pense plus et donc, plus de volonté.

— *Tu m'as dit, il y a peu de temps, que respirer était automatique et que l'on ne savait pas en apprécier la valeur.*

— Oui, bien sûr, le souffle c'est la vie. Il faut être vivant pour respirer.

— *Et bien voilà, je te propose de te concentrer sur ton souffle. Cela t'apportera bien la preuve que tu es vivante.*

— Oui, encore vivante, mais cela ne règle pas mon problème de volonté.

— *Lorsque tu respires, as-tu la volonté de respirer ?*

— Non, évidemment.

— *Alors, respire, tout simplement. »*

Jocelyne inspire et expire bruyamment. Une minute plus

tard, elle rouvre les yeux.

« J'ai déjà fait ça, il y a quelques années.

— *Et dans quelles circonstances, demande Madeleine.*

— C'était une période durant laquelle j'étais très stressée. Un collègue m'avait proposé de l'accompagner à son cours de yoga. J'y suis allée et, ce jour-là, c'était un cours sur la méditation. Je n'ai vraiment pas compris où l'on allait et ce que l'on faisait. J'ai demandé à l'ami ce à quoi l'on devait penser et il m'a répondu : À rien. On attend quoi ? Rien. Ça sert à quoi ? À être. Être quoi ? Être, tout simplement. J'ai senti, à ce moment-là, qu'il y avait des années-lumière entre lui et moi. Je n'y suis jamais retournée.

— *Tu n'as pas été très persévérante, semble-t-il.*

— Non, j'avais trop de choses à faire. Cela m'avait troublée mais pas convaincue.

— *Alors profitons de ta présente disponibilité. On recommence ?*

— On recommence.

— *Tu centres donc ton attention sur ta respiration.*

— Et je me dis : je ne pense pas, je ne pense pas…

— *Pas du tout. Tu fermes les yeux et tu restes centrée sur ta respiration. Tout au plus tu accompagnes ta respiration par : J'inspire… j'expire. Tu laisses passer tes pensées.*

— Je ne sais pas si je dois rire ou pleurer. Combien de temps dois-je tenir ?

— *Au maximum de tes possibilités. »*

Jocelyne rouvre les yeux.

« Alors ? Combien de temps, Madeleine ?

— *Quatre minutes et trente-cinq secondes.*

— Hum… Autant dire rien du tout…

— *Quatre minutes et trente-cinq secondes, ce n'est pas rien. Cela demande de l'entraînement. Qu'en penses-tu ?*

— Ha, pour penser, je pense. À tout et à n'importe quoi et surtout sans arrêt. Il fallait que je crie dans ma tête « J'inspire ! J'expire ! ».

— *Je te propose de le refaire et, cette fois-ci, à chaque fois que tu expires, tu te concentres sur une partie de ton corps et tu la rends toute molle. Par exemple, tu inspires et, à l'expiration, tu laisses ton bras devenir tout mou... et ainsi de suite, jusqu'à ce que tu aies passé en revue toutes les parties de ton corps. Vas-y. »*

Jocelyne s'exécute. Elle tient une dizaine de minutes puis commence à remuer doucement et baille.

« Ça détend bien, dis donc. Ça paraît simple mais ce n'est pas évident.

— *C'est très bien. Tu verras, avec de l'entraînement tu vas réussir à détendre ton esprit et ton corps.*

— En admettant que je le fasse régulièrement, cela va m'apporter quoi ?

— *Ton esprit sera plus calme et tu seras plus lucide. Tu prendras du recul.*

— Quand tu dis lucide, cela veut dire…

Madeleine l'interrompt.

*« Pour une fois, s'il te plaît, laisse tomber les mots et fais. »*

\*

Après deux semaines d'entraînement intensif, Jocelyne est en mesure de se concentrer sur son corps voire de lui parler, de le calmer, de le rassurer. Ses nausées sont moins fréquentes et deviennent gérables.

« C'est vrai que je me sens mieux depuis que je travaille sur ma respiration. Je me sens fatiguée mais je n'ai plus cette sensation d'épuisement.

— *Et ta volonté, demande Madeleine, qu'en as-tu fait ?*

— Ma volonté ? répète Jocelyne en souriant. Je ne sais pas où elle est mais je suis toujours vivante. C'est difficile d'expliquer ce que je ressens. J'avais énormément de difficultés au début de ne fixer mon attention que sur ma respiration. Il y avait un enchevêtrement de pensées ; c'était stupéfiant d'entendre cette cacophonie. Il y en avait une qui, parfois, s'installait ; je l'alimentais. Et puis, je m'en rendais compte et revenais à ma respiration.

— *Tu arrives, en quelque sorte, à te dissocier de tes pensées…*

— Peut-être… Je vois surtout l'incohérence de mes pensées. Je m'aperçois que je peux penser tout et son contraire. Mon corps est à l'image de mon esprit. Il est incohérent.

— *Et tu crois que c'est irrémédiable ?*

— Hum… Je crois surtout qu'il y a beaucoup de travail.

— *Prends ta situation comme l'occasion de le faire.*

— Je peux t'assurer que l'on ne prend pas cela comme une occasion lorsqu'on t'annonce que tu as le cancer. »

\*

Jocelyne est maintenant prête et attend la visite de madame Cerdon. Elle entend la voix du médecin dans le couloir.

« Je suis en consultation, chambre 605, madame Loudet. Merci de ne pas nous déranger.

— Entendu, répond une voix féminine »

Madame Cerdon porte une blouse blanche et son badge témoigne de son nom et de sa fonction. Elle frappe légèrement à la porte et entre dans la chambre. Elle tient entre ses mains le dossier médical de Jocelyne.

« Bonjour, Madame Loudet. Vous allez bien ?

— Très bien, je vous remercie. Et vous-même ? »

Le médecin sourit ; il est rare que ses patients lui demandent si elle va bien.

« Bien, merci. Nous avons terminé les examens. Comme prévu, vous sortez aujourd'hui.

— Vous avez les résultats ?

— Oui. Je voulais vous proposer d'en parler lundi prochain à mon cabinet.

— Lundi prochain ? Vous plaisantez ? Je ne vais pas attendre tout le week-end. Non, non, je veux savoir maintenant. »

L'embarras du médecin est évident.

« Vous ne souhaitez pas attendre lundi et venir avec une de vos amies ?

— Arrêtez Docteur. Là, vous m'angoissez. Allez-y, dites-moi ce qu'il en est. »

Jocelyne est assise sur le bord du lit. Madame Cerdon a pris une chaise et s'est installée en face d'elle. Elle cherche visiblement ses mots.

« Nous avons reçu les résultats des examens que vous avez subis… Je vais tâcher d'être la plus claire possible. Les saignements que vous avez eus sont dus à des lésions que vous avez au niveau de l'endomètre. Comme je vous l'avais expliqué, nous avons prélevé des échantillons et avons procédé à une biopsie. Celle-ci a révélé une anomalie sévère qui va nécessiter un traitement.

— Anomalie sévère ? répète Jocelyne.

— Oui… Nous avons constaté une prolifération anormale de cellules et…

— Une prolifération anormale de cellules ? C'est une tumeur, donc un cancer ? l'interrompt Jocelyne.

— Oui, il s'agit d'un cancer confirme madame Cerdon d'une voix douce. »

Jocelyne est abasourdie. Sa respiration se bloque et elle déglutit avec difficulté. Par réflexe, elle met ses bras en appui sur le lit pour ne pas s'effondrer. Plusieurs minutes se passent durant lesquelles elle entend de loin en loin la voix du médecin.

« … Traitement… guérissable… Je comprends…»

Puis la voix se rapproche. Les yeux vides, elle fixe le médecin et fronce les sourcils en se demandant ce qui se passe.

« Madame Loudet, je vous assure, tout va bien se passer insiste le médecin.

— Ce n'est pas possible marmonne Jocelyne. C'est une erreur. Ce n'est pas possible…

— Je vous le répète, madame Loudet, nous avons de nombreux traitements à notre disposition aujourd'hui. Cette maladie est guérissable.

— Vous êtes sûre qu'ils ne se sont pas trompés ?

— Oui, tous les résultats vont dans le même sens. Dans la mesure où tous les examens ont été faits, vous n'aurez pas besoin d'attendre. Nous allons pouvoir intervenir rapidement.

— Que va-t-il se passer ?

— Mes collègues et moi-même allons définir une thérapie qui vous convienne.

— Quand ? Je saurai quand ?

— Je vous propose de nous revoir lundi en fin de matinée, à mon cabinet.

— Le temps va être long jusqu'à lundi, soupire Jocelyne.

— Oui, je comprends bien. Gardez à l'esprit, madame Loudet, que le cancer est une maladie guérissable. Guérissable, répète le médecin.»

Léger frappement à la porte : une tête frisée blonde, suivie d'une autre aux cheveux courts et bruns, s'infiltrent dans la chambre.

« Oh ! Excusez-nous ! »

Sylvie et Marie referment la porte avec précaution.

« Vous avez des amies qui sont venues vous chercher ? demande le médecin.

— Oui, nous avions prévu de partir en week-end. Je dois dire qu'après une telle annonce je n'en ai plus trop envie.

— Avoir des amis, des gens que l'on aime auprès de soi dans un moment tel que celui-ci, c'est important. »

Jocelyne tourne la tête vers la porte.

« Oui, vous avez raison. Avoir auprès de soi des gens qui vous aiment …

— Lundi onze heures, cela vous convient ?

— Oui, merci. »

Christine Cerdon sort de la chambre et laisse passer les amies de Jocelyne. Elle ne répond pas à leurs regards interrogateurs ; elle leur sourit et leur souhaite un bon week-end.

Jocelyne se redresse puis se lève pour accueillir ses amies.

« Salut Jo, tes valises sont prêtes ? demande Sylvie »

Sylvie arbore un élégant « laisser-aller » sobre et bien taillé. Marie, égale à elle-même, porte un superbe anorak rose bonbon assorti à une écharpe fuchsia.

Marie claque deux gros baisers sur les joues de Jocelyne et lui tend un sac.

« Tiens, pour gagner du temps, je me suis permis d'aller te chercher quelques affaires chez toi.

— C'est vraiment très gentil, mais tu m'avais déjà ramené tout ce que je ne mets plus depuis des années, je t'assure, c'était largement suffisant.»

Jocelyne a une moue triste.

« Tu sais, même un sac aurait fait l'affaire. Je suis bonne à jeter.

— Tu veux que l'on passe chez toi ? demande Sylvie

— Non, non, c'est bon. On y va. Il faut vite que j'aille prendre l'air. »

Le visage défait de Jocelyne inquiète ses amies.

« Si tu veux, on peut reporter ce week-end, propose Marie.

— Non, on part. Vous allez avoir un sacré challenge mes Chéries. Me faire rire et me faire oublier ce… Enfin bref, tout ça…

— Tu veux en parler ? demande timidement Sylvie.

— Non… On verra plus tard. »

Elles la libèrent de ses bagages et descendent au parking.

De loin, Sylvie actionne l'ouverture des portes de sa voiture.

« Mon mari préféré m'a laissé sa voiture pour le week-end. Nous allons voyager en première classe les filles. Vous avez vos lunettes noires ?

— J'en ai une dans le fin fond de mon sac à main, répond Jocelyne.

— Je n'en ai pas, dit Marie en haussant les épaules, ça fait trop star et ce n'est pas mon genre.

— Tu plaisantes ? persiste Sylvie. Nous sommes toutes les trois des stars ce week-end. On va avoir l'air de quoi dans une Jaguar si l'on n'a pas de lunettes noires ? Regarde dans la boîte à gants, tu devrais en trouver une paire. »

Effectivement Marie en trouve une, la pose sur son nez et fait une mimique de star. Elles sortent du parking en disant au revoir à tous ceux qu'elles croisent ; Marie leur envoie des baisers tout en balançant avec grâce sa discrète écharpe.

Personne n'aborde le sujet. Après plus de vingt ans d'amitié, elles n'ont plus besoin de mots pour se comprendre. Les mots, c'est pour le détail.

Avec tendresse et humour, Marie et Sylvie s'emploient à

faire rire, du moins sourire, leur amie.

Une bouffée d'oxygène pour Jocelyne.

« Quelle chance j'ai de vous connaître, dit-elle avant de s'assoupir.»

Les yeux de Marie papillonnent.

« Elle est vraiment confortable cette voiture.

— Vas-y, repose-toi. Profites-en, l'encourage Sylvie. »

Cent cinquante kilomètres plus tard, Sylvie les réveille de leur somnolence.

« Nous sommes bientôt arrivées les filles. Village « Le Chignan » ; j'y suis venue avec mon mari il y a deux ans. C'est une auberge vraiment très sympa. Il y a même une cheminée dans la chambre.

— Avec du vrai feu ? demande Marie l'œil à demi ouvert.

— Oui, du feu qui brûle, ajoute Sylvie. J'ai même demandé qu'on nous en allume un pour notre arrivée. »

Jocelyne sort de sa léthargie et sourit d'aise.

« Génial... Tu n'as pris qu'une seule chambre ?

— J'ai pensé que c'était plus sympa, il y a un grand lit et un plus petit. »

Sylvie a dit vrai, l'auberge est très agréable. Avant de descendre dîner, Jocelyne passe un temps infini sous la douche. Sa nuque lui fait mal et la chaleur de l'eau la détend. Une brume épaisse et chaude l'enveloppe ; elle sort de la salle de bains rouge comme une écrevisse, les cheveux plaqués contre les joues.

« Quelle bombe sexuelle ! s'exclame Marie. »

Le visage de Jocelyne chavire et elle éclate en sanglots.

« J'ai un cancer, les filles, un cancer de l'endomètre. »

Les visages de Marie et Sylvie se figent. Leurs bouches entrouvertes ne peuvent laisser passer aucun son.

Le col de sa robe de chambre remontée sur les oreilles, Jocelyne s'écroule sur un des lits.

Les yeux larmoyants, Marie et Sylvie regardent Jocelyne. Elles la connaissent si bien, qu'aucune d'elles ne tente de s'approcher pour la prendre dans ses bras. Elles restent toutes les deux assises sur le lit et attendent.

Avec tendresse, Marie murmure.

« On est là, ma Jo. On t'aime. »

Jocelyne se calme peu à peu, essuie ses larmes, regarde ses amies et tente de dédramatiser.

« J'avais envie de vous payer le resto, c'est tout. Ne faites pas cette tête-là, ça y est, c'est passé. »

Elles s'apprêtent en silence. Marie et Sylvie se sentent penaudes, impuissantes. Elles n'osent pas poser de questions.

Elles descendent au salon attenant à la salle de restaurant et prennent un apéritif.

« Levons notre verre à notre... Marie s'arrête, stupide... À notre amitié. »

Jocelyne sourit devant le malaise de son amie.

« Et à notre santé, complète Jocelyne. »

Au restaurant, elles sont installées non loin d'une cheminée qui illumine la salle. Elles abordent quelques sujets récurrents puis dévient tout doucement vers les problèmes de santé de Jocelyne.

D'avoir pleuré tout son saoul permet à Jocelyne d'aborder le sujet calmement ; elle leur fait part des résultats des analyses.

« Le docteur Cerdon doit me donner la suite du programme lundi matin. J'ai peur les filles...

— Elle ne t'a rien dit d'autre, demande Marie, tu ne sais pas ce qu'ils vont te faire ?

— Non, j'aurai la surprise lundi. Enfin, si, elle m'en a parlé mais j'étais tellement abrutie que je n'ai rien compris. Tout ce que j'ai retenu c'est que j'avais le cancer... Si vous saviez ce que j'ai peur... Quelque part, je n'arrive pas à y croire, c'est idiot. Ce n'est pas possible tout de même, du jour au lendemain, comme ça ! Et comment je vais faire pour mon travail ? Et... seule. Vous vous rendez compte ? Comment je vais faire toute seule ? »

Jocelyne cache son visage derrière ses mains pour cacher ses larmes. Tout son corps se crispe.

« Comment ça, tu es toute seule ? Et nous, alors, on ne compte pas ? demande Marie.

— Viens t'installer à la maison, propose Sylvie.

— Tu peux venir chez moi aussi, si tu veux, ajoute Marie. »

Jocelyne essuie ses larmes en souriant.

« Oui, je sais que vous êtes là… Heureusement que vous êtes là. C'est du cadeau des amies comme vous. Mais je dramatise peut-être aussi. Je ne sais même pas comment cela va se passer.

— Et puis, il y a aussi Marc, rappelle Sylvie. Il est adorable ton fils.

— Je préfère le tenir éloigné de tout ça le plus longtemps possible. Il a sa vie et je ne vais pas aller l'encombrer.

— Il ne serait pas content de t'entendre dire cela, la reprend Marie. Le tenir éloigné à un moment comme ça… »

Jocelyne se frotte le visage pour le détendre.

« J'en sais rien en fait. De toute façon, il n'est pas là, il est aux États-Unis pour voir son père.

— Il revient quand ? demande Marie

— Demain après-midi.

— Tiens, comment va le fameux Serge ? demande, sarcastique, Sylvie.

— Marc m'a dit qu'il pensait revenir en France vers le mois de juin. Il a demandé sa mutation. Officiellement, c'est la nostalgie du pays.

— Officieusement ? demande Sylvie.

— Il s'est fait plaquer par sa nana, répond Jocelyne.

— Aïe, ça c'est la cinquantaine qui « claque », fait remarquer Marie.

— Bien fait, siffle Sylvie, c'est la roue qui tourne. Il s'est comporté comme un goujat avec toi.

— C'est vrai qu'il a pris sa décision très rapidement mais pour le reste il a été correct.

— Tu ne lui en veux pas ? insiste Sylvie.

— Bof… j'ai mis un an à m'en remettre mais maintenant, ça va.

— Quel goujat tout de même, persiste Sylvie ».

Elle se lance dans un long discours caustique sur l'inconstance des hommes, leur incroyable futilité et surtout, surtout, cette stupide croyance en une reconnaissance éternelle d'une virilité sans failles leur permettant ainsi de nier l'évidence… La vieillesse !

Jocelyne et Marie se regardent en plissant les yeux.

« Toi, dit Jocelyne en s'adressant à Sylvie, tu es inquiète.

— Ben... Heu... Mon instinct me dit qu'il y a quelque chose qui cloche... Je sens que Michel est lointain en ce moment. De plus, il a changé de parfum. Vous imaginez ? Il n'en avait pas changé depuis vingt ans ! Ce n'est pas suspect ça ?

— Et toi, rétorque Marie, tu t'es fait couper les cheveux car on t'a dit que tu ferais plus jeune avec des cheveux courts. C'est pas suspect ça ?

— Ce n'est pas pareil, je suis une femme ; j'ai besoin de séduire, se justifie Sylvie.

— Je pense que pour les hommes, c'est la même chose, dit Jocelyne. Un jour c'est ma gynéco qui m'a rassurée sur ce sujet, sur les affres du temps qui passe ; les hommes subissent la même loi implacable de la nature, le vieillissement. Tant qu'il n'a pas de réunion de travail le week-end, laisse tomber.

— Moi je suis pour la polyandrie, dit Marie. J'ai deux temps partiels depuis dix ans et je trouve cela parfait. Je n'ai même pas besoin de mentir car ils sont au courant.

— Aucune moralité, fait remarquer Sylvie.

— Tu le penses vraiment ou bien es-tu jalouse ? demande Marie.

— Je te taquine, un seul homme me suffit amplement. J'ai surtout envie de calme, répond en souriant Sylvie.

— Je crains le pire pour nos prochains week-ends « Filles » grimace Marie. Ça sent la tisane au miel et le coucher à huit heures. »

Remontées dans leur chambre, elles se préparent pour aller se coucher, chacune dans un genre très différent : pyjama en pilou avec nounours, pour Marie, pyjama en soie unie, pour Sylvie et pyjama en coton bleu marine pour Jocelyne.

La lumière du feu de cheminée éclaire la chambre. Assise en tailleur, face à la cheminée, Jocelyne se laisse hypnotiser par les flammes. Marie prend les coussins des lits et vient s'installer à côté d'elle. Seule Sylvie reste assise sur le bord du lit.

« Prends des coussins et viens près de nous, lui propose Marie. Tu as l'air puni dans ton coin.

— Eh bien… Je… Enfin, j'avais ramené… hésite Sylvie. »
Marie lève les sourcils.

« Ben, t'avais ramené quoi ?

— J'avais ramené une bouteille de champagne et je ne sais pas trop si cela vous ferait plaisir… Enfin, je veux dire…

— Arrête de bafouiller, la taquine Jocelyne. Sors-la ta bouteille. Cela ne pourra que nous faire du bien. »

Sylvie se dirige vers la fenêtre, l'ouvre et exhibe une bouteille de champagne.

« Oh, non ! râle-t-elle, j'ai oublié les flûtes !

— Ce n'est pas grave, la rassure Marie. Qu'importe le flacon, pourvu qu'on ait l'ivresse ! Je vais chercher les verres à dents dans la salle de bains. »

Alignées devant la cheminée, elles boivent à petites gorgées l'excellent champagne ramené par Sylvie.

« Du champagne dans un verre à dents, quel gâchis, commente Sylvie.

— Ferme les yeux, propose Jocelyne. Il est excellent ce champagne. »

Pour qui a une oreille fine, on peut entendre, outre le crépitement du bois, le pétillement des bulles de champagne : un délice aux oreilles.

Jocelyne rompt la divine mélodie.

« Vous avez déjà pensé à la mort ? demande-t-elle

— C'est parce que tu es angoissée que tu y penses, dit Marie.

— Un peu, sans doute, soupire Jocelyne. Je vous avais raconté l'histoire de ma Mamie Alice ? Je n'arrête pas de penser à elle. C'est vrai que j'angoisse car je suis malade mais la sérénité de cette dame m'a impressionnée.

— Elle était vieille non ? Tu ne nous avais pas dit qu'elle avait quatre-vingt-onze ans ? demande Sylvie.

— Vous l'auriez vue, je suis sûre que vous auriez été, vous aussi, impressionnées.

— Allez, n'y pense plus, profite du moment présent. Je te ressers un verre ? dit Marie, en joignant le geste à la parole. »

À la cinquantaine, les copines ne vont pas en boîte, se couchent tôt et prévoient une grande balade pour le lendemain. D'accord, pas tout le temps. La différence ? Avant elles n'y pensaient jamais.

*

« Les Dieux sont avec nous, dit Marie en ouvrant les volets. Un soleil magnifique ! »

Il ne reste que quelques braises dans la cheminée et elles se hâtent de se préparer pour aller prendre leur petit déjeuner.

Quel plaisir de se faire prendre en charge. Tasses et bols sont posés sur la même table que la veille et l'odeur du café les accueille dès qu'elles sont en bas des escaliers. Elles déjeunent en silence, tout en regardant le feu de cheminée. Elles échangent de temps à autre des sourires de bien-être, le programme du matin « TV cheminée » est des plus intéressants. Le petit déjeuner est copieux : un croissant pour terminer le café puis un café pour terminer le croissant puis...

Marie chuchote.

« On devrait y aller les filles, un soleil pareil, cela ne se rate pas. »

Elles remontent dans leur chambre pour enfiler pulls et manteaux.

Balade le matin, visite d'un petit village l'après-midi. La tendresse et l'amitié de ses amies aident Jocelyne à porter cette angoisse omniprésente.

Le retour sur Paris est calme. Marie tente de plaisanter mais le cœur n'y est pas. Sylvie dépose Jocelyne devant son immeuble.

« Tu m'invites à dormir ce soir chez toi ? demande Marie.

— Non, c'est gentil. Je suis fatiguée, je vais me coucher très tôt.

— T'es sûre ? insiste Marie.

— Certaine. Merci les Filles. Vraiment je... Je vous aime.

— Si ça va pas, tu nous appelles, hein ? dit Sylvie.

— Promis, je vous appellerai. »

Jocelyne, rentrée chez elle, s'affale dans son canapé. Lundi, demain à onze heures. Elle sent une boule d'angoisse s'installer dans sa poitrine. Elle se reprend, respire profondément, ses yeux ronds s'accrochent à une infime poussière figée devant elle.

« Je dois rester calme, poser les bonnes questions… »

Elle s'endort, épuisée, vers trois heures du matin.

\*

« Tu sais, Madeleine, l'amitié c'est une chose extraordinaire. Je crois que c'est un point sur lequel je n'ai jamais transigé lorsque j'étais avec Serge. Lorsqu'elles ont eu besoin de moi, j'ai toujours été là et le contraire aussi d'ailleurs, la preuve.

— *Pourquoi transiger ?*

— Il avait l'impression que je lui échappais lorsque j'allais les voir. Dans un sens il n'avait pas tort car je me sens vraiment moi-même avec mes amies ; je me sens libre. Il n'y a pas de jugement entre nous. Je n'ai plus la sensation de subir les pressions extérieures. Je n'ai pas besoin de prouver quoi que ce soit ; c'est comme ça, c'est tout. Je pose mes valises.

— *Qu'y a-t-il de si lourds dans tes valises ?*

— La peur… La peur de ne pas contrôler, d'être vulnérable… De ne pas être aimée, d'être abandonnée… Ce qui est certain, vois-tu Madeleine, si je me remets de cette maladie, je vivrai autrement… J'ai tellement de choses à apprendre et à faire.

— *Il y a une très jolie phrase de Gandhi à ce sujet : « Vis comme si tu devais mourir demain, apprends comme si tu devais vivre toujours ».*

— C'est dommage qu'il m'ait fallu approcher la mort de si près pour m'en rendre compte. La pauvre madame Cerdon, quelle patience elle a eue. »

\*

Jocelyne attend près de trois-quarts d'heure dans la salle d'attente de madame Cerdon, non pas que cette dernière soit en retard mais Jocelyne est arrivée très en avance.

« Madame Loudet, s'il vous plaît, annonce madame Cerdon ».

Jocelyne repose sa revue sur la table basse et entre dans le bureau du médecin.

« Ce week-end s'est-il bien passé ? demande la gynécologue.

— Compte tenu des circonstances, je dirai oui.

— Installez-vous, je vous en prie, nous allons faire un petit contrôle. »

Jocelyne se déshabille et s'allonge sur la table d'examen. Madame Cerdon s'assure qu'il n'y a pas eu d'autres saignements.

« Très bien, conclut-elle, pas de soucis pour le moment. Vous avez eu des douleurs particulières ?

— Non, rien de spécial.

— Allez-y, vous pouvez vous rhabiller. »

Christine Cerdon a aligné sur son bureau plusieurs documentations lorsque Jocelyne s'installe en face d'elle. La gynécologue essaye de la mettre à l'aise.

« Posez toutes les questions que vous voulez, je tâcherai d'y répondre le plus clairement possible. Prenez votre temps, je n'ai pas de rendez-vous après. »

Jocelyne regarde rapidement les documentations et lève les yeux vers madame Cerdon.

« Le diagnostic est définitif, alors ?

— Effectivement. J'ai également présenté les résultats à un de mes collègues à l'hôpital ; il confirme mon diagnostic.

— Je comprends ce que vous ressentez « Ce n'est pas possible, c'est une erreur »… Acceptez le diagnostic est le premier pas vers la guérison.

— Pourquoi ne l'a-t-on pas décelé avant ?

— N'allez pas vous créer de soucis supplémentaires en vous demandant ce que vous auriez dû faire, contrôler ou je ne sais quoi. Vous allez, de plus, vous ajouter un problème de culpabilité. Je vous assure Madame Loudet, accepter un diagnostic c'est comme l'identification d'un ennemi, vous savez qui il est et où il est, vous pouvez le combattre d'autant mieux.

— J'ai le cancer, je n'arrive pas à le croire. Dites-moi sincèrement Docteur, est-ce que je risque de mourir ?

— Non, Madame Loudet, si nous intervenons rapidement, au stade clinique actuel de votre cancer, non.

— Que veut dire le « stade clinique actuel »?

— Le stade clinique d'un cancer correspond à son degré d'extension. Dans votre cas, il est localisé… limité à l'endomètre. À ce stade, les taux de guérison sont très élevés.

— Vous allez donc retirer ces cellules, c'est cela ?

— Oui, c'est cela. Nous allons devoir faire une hystérectomie.

— Une hystérectomie ? Je ne vais plus avoir d'utérus ? »

La panique perce dans la voix de Jocelyne ; elle cache son visage derrière ses mains.

« Mais je ne vais plus être une femme, entend madame Cerdon.

— Calmez-vous reprend avec douceur le médecin. Pourquoi dites-vous que vous ne serez plus une femme ? C'est quoi être femme pour vous ?

— Je ne sais pas, moi… Etre désirée, être aimée…

— De quoi avez-vous peur ? De ne plus l'être ? Je pense que nous allons prendre un petit cours d'anatomie et de sexualité. Je peux vous l'assurer, vous êtes femme et vous resterez femme quoi qu'il arrive. »

Durant près d'une demi-heure Christine Cerdon explique à Jocelyne le fonctionnement de l'appareil génital féminin puis elles abordent naturellement la sexualité.

« Bien sûr, je ne peux pas vous affirmer qu'il n'y aura aucune conséquence, du moins dans les premiers mois, sur votre sexualité. Ce que je peux vous affirmer, par contre, c'est que les aspects psychologiques sont plus importants qu'ils ne le paraissent. Une sexualité épanouie, après avoir subi une opération de ce type, c'est possible. Pour parler un peu crûment, l'utérus est un organe de reproduction, c'est un muscle, il n'interfère en rien dans votre sexualité. »

Jocelyne ne parle plus et regarde les documentations posées sur le bureau. Elle reste muette un long moment.

« Si vous avez des questions, n'hésitez pas, dit madame Cerdon.

— Vais-je avoir un traitement médicamenteux ?

— Oui, vous devrez subir une chimiothérapie.

— Une chimiothérapie ! Mais si vous retirez l'utérus… Vous m'aviez dit que c'était local !

— Oui, je le maintiens, c'est localisé. La chimiothérapie est un traitement de complément dans la mesure où il existe, néanmoins, des risques de récidive ou de prolifération. Ce traitement permet d'éliminer d'éventuelles cellules cancéreuses actives mais non visibles à ce jour.

— Ce n'est pas possible, soupire Jocelyne en se reculant dans son fauteuil, même cela ne me sera pas épargné. Je vais faire comment pour travailler ? Ce n'est pas possible, répète-t-elle plusieurs fois. »

Christine Cerdon attend que sa patiente intègre les informations qu'elle vient de lui donner. Face au silence de Jocelyne, elle lui propose de reprendre cette conversation le lendemain.

« Non, l'arrête Jocelyne, laissez-moi juste le temps de reprendre mes esprits. Cela vous ennuie de me laisser seule, quelques minutes ?

— Non, pas du tout. Je vais aller consulter quelques dossiers. Vous m'appellerez lorsque vous vous sentirez prête.

— Merci. »

Le médecin se lève et se dirige vers la salle d'attente déserte. Ce calme apporte une lourdeur supplémentaire à la situation. Elle s'installe derrière le bureau de son assistante et étudie, sans conviction, le premier dossier qui se présente ; elle jette un coup œil, de temps à autre, vers Jocelyne.

Depuis qu'elle l'a laissée seule, cette dernière n'a pas bougé. Elle hésite quant à l'attitude qu'elle doit adopter lorsque Jocelyne se redresse et se tourne vers elle. Un léger hochement de tête lui fait comprendre qu'elle est prête maintenant.

Le visage marqué de larges cernes noirs, Jocelyne regarde le médecin et prend conscience de la difficulté qu'il doit lui aussi affronter.

« Cela ne doit pas être facile pour vous d'annoncer ce genre de choses, non ?

— C'est effectivement difficile, mais je suis une femme de sciences et je connais également les chances de guérison. Mon expérience me permet de mieux les mesurer. »

Jocelyne, passe en revue les différentes documentations et secoue la tête.

« C'est idiot, reprend-elle, je n'arrête pas de me dire. Pourquoi ? On a l'impression qu'un mal sournois tourne autour de nous et s'insinue comme un poison. C'est son invisibilité qui fait peur : on ne sait pas où il va frapper ; il est là, latent.

— C'est vrai, personne n'est à l'abri, confirme le médecin.

— Mais d'où vient-il ?

— Nos connaissances en la matière se limitent à l'identification de facteurs de risques. Des expositions répétées au soleil sont un facteur de risque pour le cancer de la peau, par exemple. Cela ne veut pas dire non plus que tous ceux qui se font rôtir au soleil auront un cancer de la peau. Le stress et un choc émotionnel semblent être également des éléments déclencheurs. Avez-vous eu un choc ces dernières années, ces derniers mois ?

— Un choc ? Il s'agit plus d'un changement de vie que j'ai eu du mal à assumer. »

La gynécologue, ne voulant pas être indiscrète, ne pose pas de questions directes mais lui demande comment elle s'y est prise pour faire face à ce changement de vie.

« Je me suis raisonnée.»

Pour tout commentaire, le médecin répète « Je me suis raisonnée ».

Les yeux de Jocelyne s'emplissent de larmes. Son sourire est amer lorsqu'elle regarde les dépliants épars sur le bureau ; elle lève la tête vers la gynécologue.

« Allez-y, parlez-moi de la chimiothérapie.

Prenons cette documentation, propose le médecin ; elle est éditée par la Ligue contre le cancer. Nous allons la reprendre ligne à ligne ; posez toutes les questions que vous souhaitez. »

L'entretien se termine à treize heures trente. Jocelyne fait un visible effort pour ne pas s'affaler dans sa chaise. Elle est si fatiguée qu'elle se demande comment elle va rentrer.

J'ai une dernière question, Docteur : est-ce que je peux continuer de travailler ? »

Le médecin réfléchit tout en jouant avec son stylo..

« Les avis sont partagés à ce sujet.

— Mais vous, Madame Cerdon, qu'en pensez-vous ?

— Je vous dirai seulement de prendre soin de vous… Vous allez vivre une période très délicate. »

Le médecin marque un temps d'arrêt.

« Sans vouloir être indiscrète, projetez-vous d'aller vivre chez un membre de votre famille ou chez des amis ?

— Non. »

La réponse est brève et sans appel.

« Je me permets d'insister, reprend le médecin, car ce sont des moments assez difficiles et… je pense… que d'être accompagné cela permet de sentir plus fort, entouré…

— Non, il n'en est pas question. Ils ont leur vie et je ne vais pas aller les encombrer.

— Très bien. Vous savez mieux que moi ce qui vous convient… On peut aussi envisager une maison de convalescence… On verra le moment venu. Avez-vous d'autres questions ?

— Pour le moment, non. Peut-être plus tard… Je ne sais pas… On verra… Je vous remercie Docteur. Merci pour votre patience et pour le temps que vous m'avez accordés. Je crois que je vais aller me coucher ; je suis épuisée.

— On se donne quelques jours, avant de se revoir pour fixer la date de l'intervention. Vous pouvez m'appeler quand vous voulez. Je vais à l'hôpital cet après-midi. Je vous dépose en passant ?

— Avec grand plaisir, merci beaucoup. »

*

Dès qu'elle est rentrée, la fatigue a raison de Jocelyne. Vidée, elle s'allonge sur son canapé et s'endort immédiatement. Le réveil est douloureux : son sac à main, posé sur la petite table du salon, laisse dépasser toutes les documentations que sa gynéco lui a données. Elle referme les yeux et chuchote « C'est vrai alors ».

Elle s'assoit péniblement. Elle regarde bêtement ses pieds, comme ces petites vieilles que l'on retrouve dans les coins ombragés des squares.

Elle se frotte énergiquement le visage pour se réveiller et sent la chaleur envahir ses joues. Elle se masse la nuque pour se redonner un peu d'énergie.

« Qu'est-ce que je vais faire ? ».

Des images se succèdent les unes aux autres dans une incohérence la plus totale : son fils Marc, son travail, l'opération, la chimio, les assurances, le ménage, même son ex-mari, Serge, fait une courte apparition « Il rentre quand déjà ? ».

Son regard erre dans son appartement et s'arrête sur sa table à dessin dont deux tours de papiers prônent ses incontestables qualités de gestionnaire. L'énorme paquet de gauche est à classer ; celui de droite correspond à l'encours.

Elle ne sait pas par quoi commencer. Il y a encore quelques jours elle se serait précipitée sur son travail et là non, sa première pensée est pour Marc « Comment le lui annoncer ? ».

« Marc… Je vais être un vrai boulet pour lui. Je n'ai pas le choix, je dois le lui dire ; il le verra avec la chimio. ». La sonnerie de son portable la fait sursauter.

« Bonjour Maman, tu vas bien ?

— Ça va mon Chéri et toi ?

— Je suis dans ton quartier, tu m'invites à dîner, ce soir ?

— Bien sûr, mais il est quelle heure ?

— Il est presque cinq heures. Toi tu étais encore plongée dans tes dessins ! Ces artistes, j'vous jure !

— Tu penses arriver à quelle heure ?

— Vers dix-neuf heures, c'est bon ?

— Pas de problème. »

Jocelyne raccroche le téléphone.

« Il a une antenne ce gamin… »

Hébétée, elle se rassied sur son canapé.

« Comment le lui dire ? »

Inexorable, le temps passe et elle n'a toujours pas pris de décision.

Elle sursaute en réalisant qu'il est déjà dix-huit heures trente et qu'il ne va pas tarder à arriver. Elle se rue sur le congélateur.

Le micro-ondes et la porte d'entrée sonnent en même temps.

« Bonjour Maman. Comment va l'Artiste, ajoute-t-il en l'embrassant.

— Bonjour, mon Chéri, répond Jocelyne en baissant les yeux. »

Bien que recoiffée et maquillée, Jocelyne évite le regard de son fils. Affalé dans un des fauteuils du salon, Marc la regarde s'agiter dans tous les sens.

« Dis donc, quelle pêche ! »

Il se redresse et attrape un livre sur la table du salon.

« Tu lis quoi ?

— C'est un documentaire sur les enfants des rues au Congo, crie Jocelyne de la cuisine.

— Pas facile ce genre de bouquin, tu me diras quand… »

Il s'arrête net. Il essaie de lire le titre d'une brochure qui dépasse du sac de sa mère « Traitement du cancer de l'endomètre ».

Jocelyne revient de la cuisine les bras chargés des assiettes et des verres.

« Oui, c'est un bouquin qui… »

Elle ne termine pas sa phrase lorsqu'elle voit Marc regarder les brochures que lui a données madame Cerdon. Marc la regarde, fronce les sourcils et dit.

« Maman ? »

Jocelyne détourne son regard, pose les assiettes et les verres sur la table.

« Maman, regarde-moi s'il te plaît.»

Devant le silence de sa mère, il comprend.

« Viens ma petite Maman… »

Il se lève et l'enveloppe de ses grands bras « Ma petite Maman » répète-t-il sans cesse. Elle se laisse bercer et ils pleurent tous les deux en silence.

Ils dînent à peine. Marc veut tout savoir dans le détail. Depuis quand, ce qu'a dit la gynéco, l'opération…

« As-tu une assurance pour te couvrir pour ce genre de problème ?

— Il me semble, oui.

— Alors, tu peux t'arrêter de travailler, c'est bien.

— Je ne sais pas trop si je vais arrêter, en fait. Je me demande…

— Tu plaisantes, Maman ? Après une opération et de la chimio ?

— Ben… Je ne sais pas...

— Maman, je pense que là tu dois t'occuper uniquement de toi, dit tendrement Marc.

— Tu as peut-être raison, dit-elle en pensant au docteur Cerdon… Je dois vérifier mes contrats.

— Je vais chercher avec toi, si tu veux. Où sont tes assurances ?

— La chemise est blanche et épaisse.

— Mais encore ?

— Elle est dans le placard du couloir, dans un carton marron exactement. »

Ils se lèvent ensemble et se dirigent vers le fameux placard.

« On appelle cela un carton de déménagement, Maman.

— C'en est un, en effet. À deux, on aura vite fait. Je suis plus organisée qu'il ne le paraît. Tout ce qui concerne la création, les déclarations administratives, les assurances sont « classées » au même endroit. Ce n'est pas de l'organisation ça ? »

L'information « chemise blanche et épaisse » s'avère exacte ; elle est, bien évidemment, au fond du grand carton.

Le contrat d'assurance notifie un minimum garanti après une suspension d'activité supérieure à deux mois.

« Eh bien, c'est un souci en moins, commente Marc.

— C'est vrai, un cumul santé et argent c'est beaucoup. Je n'ai pas été trop mauvaise pour une fois. »

Cette fois-ci, elle ne « classe » pas le dossier sur une des tours de son bureau mais le dépose en évidence sur une étagère. Elle est soulagée d'avoir traité ces problèmes administratifs ; Marc est un bon traducteur et a compris sans difficultés les « sachant que », les « sous condition de » et tout ce qui fait un « bon contrat d'assurance ».

« Il va falloir que je prévienne mes clients. J'ai trois dossiers en cours. Je vais annuler mes rendez-vous pour ceux que j'avais en projet et puis voilà… Advienne que pourra.

— Il n'y a pas « d'advienne que pourra » Maman, tu vas guérir, c'est tout.

— Sans doute mon Chéri, sans doute.»

Ces recherches ont entamé ses dernières ressources et le visage de Jocelyne est décomposé.

« Il faut que j'aille me coucher, je suis épuisée.

— Tu veux que je reste dormir ? demande Marc.

— Non, je te remercie, je préfère être seule.»

Tant il connaît sa mère, Marc n'est pas étonné de la réponse et n'insiste pas. Lorsque celle-ci le raccompagne sur le pas de la porte, il l'embrasse et lui murmure tendrement à l'oreille.

« Tu vas guérir, il ne peut pas en être autrement. »

\*

Son premier appel téléphonique est pour la chargée de communication des éditions « Voix du monde », madame Viviane Couderc.

« Bonjour Madame Loudet. Vous allez bien ? »

Le ton enjoué de Viviane Couderc la met mal à l'aise. Que répondre à une telle question ? Ce qu'il convient de répondre :

« Très bien, je vous remercie et vous-même ?

— Super ! Je finalise le dossier sur le salon du livre. Je suis sûre que cela sera une réussite. Savez-vous qui vient ? »

Elle ne laisse pas le temps à Jocelyne de réagir qu'elle énumère déjà toutes les célébrités du stylo qui participeront à ce salon. Les quelques « Ah bon » de Jocelyne suffisent à alimenter le flot de paroles de la charmante Viviane Couderc. Cette dernière reprend son souffle et demande à Jocelyne si elle a terminé les modifications de sa maquette.

« Oui et justement, je souhaitais vous la présenter.

— Cette semaine ce n'est pas possible, le jeudi de la semaine prochaine, c'est bon.

— Je suis désolée, mais je dois m'absenter quelque temps et...

— Vous partez en vacances ?

— Non, pas vraiment. Je dois subir une intervention chirurgicale.

— Alors là, la santé avant tout. Dites-moi ce qui vous arrange, je me débrouillerai.

— Demain, c'est possible ? »

*

Le lendemain matin, elle présente son travail à Viviane Couderc. Cette bavarde invétérée a la discrétion de ne faire aucune remarque quant à la mine défaite de Jocelyne.

« Merci pour la qualité de votre travail, Jocelyne. Je n'hésiterai pas à faire appel à vous pour nos prochaines manifestations, dit-elle en lui serrant la main à la porte de son bureau. »

Elle n'a pas non plus de soucis avec la société de pompes funèbres qui valide le logo.

Il n'en est pas de même pour son dernier dossier. Elle n'a pas choisi ce client. Il lui a été présenté par Philippe, un de ses amis et confrères : « S'il te plaît, rends-moi ce service, je suis débordé en ce moment. »

Elle avait donc rencontré Hugues Ancier, responsable de la campagne électorale d'Yves Hillion, député-maire d'une commune voisine de la sienne, Villeneuve. Dès le début, il avait été cassant « Je vous dis ce que vous devez faire et vous exécutez. Six maquettes à réaliser sur une période de deux mois pour illustrer le blog de campagne ».

Avant même de décrocher le téléphone, elle pressent les difficultés.

« Comment cela, Madame Loudet, vous vous absentez quelques semaines ? Vous plaisantez j'espère. Vous ne me remettez qu'une seule maquette sur les six que je vous ai commandées et vous m'annoncez cela tranquillement ! C'est une rupture de contrat ! hurle-t-il au téléphone ; je vais vous attaquer. Vous vous débrouillez comme vous voulez, vous me ferez ces maquettes !

— Ne vous énervez pas Monsieur Ancier, je n'ai pas le choix. Je dois subir une intervention chirurgicale.

— Eh bien, reportez là, ce n'est pas compliqué !

— Détrompez-vous, c'est plus compliqué que cela ne le paraît.

— C'est votre problème, pas le mien, débrouillez-vous ! braille-t-il avant de raccrocher ».

C'est terminé maintenant, elle a fait tout ce qui était nécessaire, comme un robot, anesthésiée par cette puissante fatigue.

Ses amies et Marc ont le même discours : « Tu vas guérir, il ne peut pas en être autrement ». Elle aimerait partager leur optimisme mais les mois qui l'attendent lui font peur. L'opération est planifiée pour le mardi de la semaine suivante.

# Madeleine

## CHAPITRE II

« Chut, ne fais pas de bruit, elle dort, chuchote Sylvie à Marie.

Les baskets de Marie crissent sur le lino ; elle grimace ne sachant plus trop si elle doit avancer ou retirer ses chaussures.

Marc, qui est auprès de sa mère depuis son retour de la salle de réveil, est assis sur une chaise, près du lit.

« Tu peux marcher Marie, Maman est réveillée. Tout s'est bien passé. Elle est encore sous l'effet de l'anesthésie. »

Jocelyne a reconnu les voix de ses amies et elle sourit les yeux fermés.

« Alors, t'es réveillée ma Jo. Ça va ? demande Marie.

— Coucou ma Belle, ajoute Sylvie. »

Jocelyne humecte ses lèvres et marmonne :

« J'ai la bouche d'un lendemain de fête, pour vous dire. »

Marie et Sylvie ont rapproché deux chaises près du lit.

« On t'a ramené une boîte de chocolats et tous les journaux à cancans que l'on a pu trouver. Tu vas pouvoir nous raconter tous les potins de Monaco.»

Jocelyne sourit tristement, des larmes au coin des yeux.

« Ne vous inquiétez pas les filles. On en a vu d'autres hein ? »

Marc détourne les yeux. Il ne supporte pas de voir pleurer sa mère. Un silence s'installe paisiblement. Il n'y a rien à dire, alors on ne dit rien.

À vingt-et-une heures, l'infirmière de nuit prend son service et fait le tour des chambres. Elle voit ce jeune homme, triste, assis auprès d'une dame qui est peut-être sa mère. Elle contrôle les perfusions et discute un peu avec lui.

« Tout va très bien, Monsieur, ne vous inquiétez pas. Vous devriez rentrer vous reposer. »

\*

L'aide-soignante regarde le plateau de Jocelyne et secoue la tête.

« Madame Loudet, vous n'avez rien mangé… cela n'est pas raisonnable. Faites un effort, s'il vous plaît. Voulez-vous que je vous aide ?

— Non merci, je n'ai pas faim. Je suis fatiguée, j'ai envie de dormir. »

L'aide-soignante retire le plateau en soupirant et sort de la chambre. Elle entend le bruit d'une conversation dans le couloir et reconnaît la voix de Christine Cerdon.

« Elle n'a pratiquement rien mangé depuis son opération ?

— Presque rien, confirme l'aide-soignante. Elle dit qu'elle est fatiguée.

— Bon, merci. Je vais aller la voir. »

Jocelyne fait semblant de dormir lorsque le médecin toque légèrement à la porte et entre.

« Madame Loudet ? Bonjour, c'est le docteur Cerdon. »

Jocelyne émet une forte inspiration et ouvre les yeux. Non, elle n'a pas faim. Non, elle ne veut pas discuter. Non, Non, Non. Elle veut qu'on la laisse tranquille. Elle veut dormir, oublier, laisser passer le temps. Elle fixe Christine Cerdon, le regard vide ; cette dernière lui sourit.

« Bonjour Madame Loudet. »

Jocelyne referme les yeux et déglutit. Elle se concentre. Elle ne veut ni pleurer, ni parler. Le médecin s'assied sur une chaise, près du lit, et entame un monologue.

« Il n'est pas nécessaire que vous me parliez mais moi, j'ai des choses à vous dire. Vous êtes vivante Madame Loudet, la vie continue même si la donne est différente. Je ne vais pas vous rappeler tout ce que nous nous sommes dit dans mon cabinet ; c'était vrai hier et c'est vrai aujourd'hui… Ouvrez les yeux, s'il vous plaît ; il fait un temps magnifique aujourd'hui. »

Le visage de Jocelyne se crispe.

« Ne pas pleurer… Ne pas pleurer… Ne pas pleurer… C'est bon… »

Progressivement ses traits se relâchent mais ses épaules lui font mal. Elle tourne sa tête de gauche à droite ; elle entend le craquement de ses os. Christine Cerdon la regarde sans rien dire. Elle attend. Jocelyne tourne la tête vers la fenêtre et ouvre les yeux.

« Le ciel est transparent…

— Oui, c'est un temps superbe. »

Elles ne se disent plus rien. Jocelyne semble absorbée par le ciel ; le médecin attend. D'une voix blanche, Jocelyne sort de son silence.

« Vous savez Docteur, ce n'est pas facile d'accepter. En théorie, je croyais l'avoir fait mais en pratique je vois bien que non. J'ai mal dans tout mon être. C'est une douleur indéfinissable qui m'empêche de respirer, de manger, de parler. J'ai mal … Cette douleur crispe tout mon corps. Je sens ce ventre vide. Cela m'obsède. Je sens ce vide en moi…

— Calmez-vous Madame Loudet, il n'y a pas de vide. On vous a retiré un organe musculaire nécessaire à la reproduction et uniquement à la reproduction. Retirer de votre tête cette image de vide. Vous êtes une femme et resterez une femme. »

\*

« Le vide ». Là, en plus de le ressentir dans ma vie, je le ressentais dans mon corps. Je me sentais au sens propre du mot, vidée. Vidée de mon contenu. À partir de ce moment-là, je me suis résignée. Jusqu'à ce que je te rencontre, je me suis sentie ballottée par mes émotions et les évènements, le tout dans un corps chancelant. Jusqu'à ce que je te rencontre, répète avec tendresse Jocelyne. Jusqu'à ce que je rencontre la magie de Madeleine. Merci.

*« J'ai toujours été là. Il t'a suffi d'écouter, de t'écouter. C'est la vie qui est magique, tout simplement. »*

*

Lors de son dernier rendez-vous avec le docteur Cerdon, cette dernière lui a proposé un séjour dans une maison de convalescence.

« Madame Loudet, j'ai bien compris que vous ne souhaitiez pas, pour reprendre vos propos, encombrer la vie de votre famille et de vos amis. Néanmoins, votre opération à laquelle s'ajoute la chimiothérapie vous épuisent. Vous ne pouvez pas rester seule, vous avez besoin d'aide pour votre vie quotidienne. »

*

Élodie regarde les piles de linge étalées sur son lit. Elle se demande où elle va bien pouvoir ranger son immense garde-robe dans leur nouvel appartement. Une sonnerie assourdie la sort de sa rêverie.

« Mais où est ce téléphone ? »

Agacée, elle bouscule les piles et découvre le portable enfoui sous des pulls.

« Allo ? dit-elle essoufflée.

— Et bien dis donc, tu fais un jogging dans l'appartement ? demande Marc.

— Ne te moque pas, je suis en train de faire le tri de mes affaires et le téléphone s'était caché sous une pile.

— Je t'appelle pour te dire que je ne viendrai pas ce soir car les amies de ma mère organisent une petite soirée avant son départ pour sa maison de convalescence.

— Tu lui transmettras mes amitiés.

— J'espère que tu auras toi-même l'occasion de les lui présenter… »

Marc arrive le dernier ; Marie lui ouvre la porte et crie :

« C'est le Petit. »

Puis, à l'intention de Marc, doucement :

« C'est pas terrible. Elle vient de recevoir une lettre d'un avocat pour une plainte déposée par un de ses clients ».

Marc reste impassible et entre dans le salon. Dès qu'elle le voit, Jocelyne se tait et lui tend les bras.

« Bonjour mon Chéri, comment vas-tu ?

— Très bien Maman, et toi ?

— Pas trop mal. »

Une soirée douce et calme. Jocelyne reste préoccupée par cette lettre d'avocat.

« Si tu veux, je m'occupe de ce problème d'avocat, propose Sylvie.

— Nous nous en occuperons, confirme Marc. Ne t'inquiète pas, Maman. »

Jocelyne hésite mais elle entrevoit les prochains mois avec une telle horreur qu'elle accepte.

« La lettre de l'avocat et le dossier sont sur mon bureau.

— Tu ferais bien d'aller te coucher. Tu as l'air épuisé, fait remarquer Marie.

— Oui, je vais aller me coucher. Merci à tous les trois, c'était vraiment sympa. Elle n'est pas loin cette maison de convalescence, à peine deux cents kilomètres, vous viendrez me voir ?

— Un peu oui, répondent en même temps Sylvie et Marie.

— Bien sûr Maman, dit Marc. Tu as de ces questions. D'ailleurs, c'est moi qui t'emmènerai.

— Mais non mon Chéri, tu as bien d'autres choses à faire. Je prendrai une ambulance.

— Cela me donnera l'occasion de te présenter Élodie, enfin, si elle veut bien venir.

— Alors, oui, dit Jocelyne, elle est devenue un mythe pour moi, depuis le temps.

— Elle n'est pas toujours simple. Jusqu'à présent, elle ne voulait pas que cela soit officiel vis-à-vis de son père. Elle a une drôle de relation avec lui ; il n'a pas l'air facile. Enfin là, continue Marc, on a décidé de vivre ensemble alors tu vas être appelée à la rencontrer.

— Eh bien, reprend Jocelyne, je vais me coucher avec une bonne nouvelle.

— Va te coucher Maman, on va ranger. Je mettrai la clé dans la boîte électrique, sur le palier. »

Jocelyne les embrasse et se traîne dans sa chambre. Elle a fait un effort pour tenir debout mais cette chimio qu'elle a commencée à l'hôpital la rend malade. Elle s'allonge toute habillée sur le lit et s'endort presque instantanément.

Une demi-heure plus tard, Marc vérifie discrètement si sa mère dort. Il voit une vieille femme au visage tiré qui occupe le lit de sa mère et il ferme les yeux pour effacer cette image. Quand il les rouvre, il la voit dormir ; l'épuisement se lit sur son visage et les kilos qu'elle a perdus lui ont donné un corps fluet, fragile. Il ramène les pans du dessus-de-lit sur elle puis retourne dans le salon.

« Elle dort ? demande Sylvie.

— Oui, très profondément ; cette chimio la secoue, dit Marc tristement.

— Elle risque de perdre ses cheveux dans les prochains jours, soupire Marie. Elle va avoir un coup au moral.

— Elle le sait, dit Sylvie. Je lui ai ramené un catalogue de perruques mais elle n'a même pas voulu le regarder. Elle m'a dit qu'elle irait chez le coiffeur pour se les faire couper très courts ; elle a besoin de cette étape intermédiaire.

— Je ne me souviens pas de l'avoir déjà vue avec les cheveux courts, dit en réfléchissant Marie.

— Non, Maman n'aime pas, elle ne trouve pas cela féminin, confirme Marc. »

Ils restent silencieux un moment puis Marc se tourne vers Sylvie.

« Ton mari, c'est un homme d'affaires, non ? Tu connais…

— Tu as raison, lui dit-elle sans le laisser terminer sa phrase. Il a un avocat ! Je vais lui en parler en rentrant. S'il est là, ajoute-t-elle en baissant les yeux. »

Marie et Marc sentent le malaise mais se taisent. Sylvie continue presque pour elle-même.

« De toute façon cela ne change rien, c'est un homme d'affaires et il a un avocat… »

Gêné par ce « non-dit », Marc reprend.

« Ne t'embête pas avec cela, je vais me débrouiller. Je vais en parler à une de mes amies dont le père est avocat.

— Très bien, je vais tout de même, de mon côté, demander à Michel qu'il me donne les coordonnées du sien. Je t'appelle demain.

— C'est comme tu veux, merci. »

Marie regarde son amie en fronçant les sourcils d'un air interrogatif.

« Je n'ai pas envie d'en parler pour le moment, il y a des choses plus importantes. On en reparlera plus tard, dit Sylvie. Là, je n'y arrive pas. »

Marie donne le feu vert.

« Il est tard. On termine de ranger et on va se coucher ; on en a tous besoin ».

*

Marc rentre vers vingt-trois heures trente et trouve Élodie ensevelie sous une tonne de vêtements.

« Comment va ta mère ? demande-t-elle.

— C'est moyen, elle supporte mal sa chimio. En plus, elle a des problèmes avec un de ses clients. Tu penses que … »

Une pile de livres en équilibre sur une table tombe avec fracas.

« Oh Zut ! râle Élodie. Quelle journée ! Vivement qu'elle se termine !

— Mais, qu'est-ce que tu as à ronchonner comme ça. Ce n'est pas grave ; je vais t'aider à ramasser.

— Oh, excuse-moi. J'ai vu mon père à midi et il m'a énervée comme lui seul sait le faire. Un petit break d'un mois va nous faire du bien.

— Aïe, dit Marc, en pensant immédiatement à sa mère. Que

s'est-il passé ?

— J'ai parlé de toi et je lui ai proposé de te présenter. Tu sais ce qu'il m'a dit ? « Encore trop tôt pour moi ? Nous allons attendre quelques mois. On ne sait jamais, tu peux changer d'avis. ».

— Cela ne me paraît pas très méchant, lui fait remarquer Marc. Il est prudent, c'est tout.

— Ce n'est pas de la prudence, tu rigoles.

— C'est quoi alors ? »

Élodie hésite avant de répondre.

« Tu n'as pas le profil du poste.

— Comment ça, je n'ai pas le profil du poste ! dit Marc en gonflant ses biceps d'informaticien.

— Ne fais pas l'imbécile, tu m'as très bien comprise. »

Élodie se retourne et fait semblant de s'intéresser aux rares passants dans la rue.

« Même moi, je n'ai pas le profil du poste, je ne suis pas la fille qu'il voulait, dit-elle dans un sanglot. »

Marc s'approche d'Élodie et la prend dans ses bras. Elle sent son souffle chaud dans sa chevelure.

\*

Jocelyne passe une mauvaise nuit entrecoupée de rêves ; elle dort très mal depuis son opération. Vers huit heures, après s'être tournée et retournée dans son lit, elle décide de se lever. Machinalement elle passe la main dans ses cheveux et s'arrête, le souffle coupé. Le doute devient certitude lorsqu'elle voit la poignée de cheveux. Ses yeux s'agrandissent d'horreur « Non ! ».

Elle avance comme une somnambule vers la salle de bains et affronte le miroir. Une plaque lisse marque l'emplacement de la mèche qu'elle vient de retirer. D'autres plaques, plus discrètes, se distinguent ici et là.

Elle va chercher un foulard dans un des tiroirs de la commode et revient dans la salle de bains. Elle évite de brosser ses cheveux et les cache sous le foulard. Elle regrette de ne pas avoir accepté la proposition de Sylvie, pour la perruque.

Elle réfléchit puis se décide à l'appeler.

« Allo, Sylvie ? Je te dérange ?

— Pas du tout. Tu as un problème ? demande Sylvie inquiète.

— Heu, un petit oui.

— J'arrive tout de suite, je suis là dans une demi-heure.

— Attends un peu… Oui, j'aimerais bien que tu viennes mais avant, si tu as le temps… »

Jocelyne prend une forte inspiration pour récupérer sa voix qui lui échappe.

« Tu m'avais proposé une perruque la dernière fois, ça tient toujours ? J'ai changé d'avis, reprend Jocelyne.

— Je te l'apporte ce matin.

— Oui, je veux bien… c'est un peu urgent.

— Court ou long ?

— Court ce sera bien.

— Je vais voir si je peux te ramener plusieurs modèles. Je serai là vers la fin de la matinée. Tu veux que je demande à Marc ou à Marie de venir ?

— Non, je préfère rester seule ; j'en ai besoin. Ce n'est pas facile à encaisser tu sais… Pas facile du tout, ajoute-t-elle en laissant les larmes rouler sur ses joues.

— Je veux bien te croire, dit Sylvie. T'inquiète pas ma Jo, on va trouver une solution. Je suis là vers onze heures trente. C'est bon ?

— Oui, oui. Ca va aller. Je le savais pourtant, je le savais…»

Elle raccroche précipitamment et renverse sa tête en arrière le visage en pleurs.

« Mais, Mon Dieu ! Pourquoi ? Pourquoi, moi ? Mais qu'est-ce que j'ai fait pour mériter ça ? »

Ses sanglots sont entrecoupés de « Pourquoi » désespérés et suppliants. Puis elle déchire son mouchoir en papier avec colère en ponctuant chaque geste d'un « C'est pas juste ».

Elle a envie de tout casser. Elle jette son dévolu sur un coussin qu'elle étire dans tous les sens. Les coutures cèdent et, dans l'élan de son bras, une sculpture posée sur un guéridon tombe et vole en éclats. Sa colère s'arrête net.

« Il faut que je me calme, cela ne va rien arranger… Sylvie va arriver… Elle ne doit pas me voir dans cet état… Allez, je me reprends… »

Elle retourne dans la salle de bains et s'habille. Ses gestes sont lents, elle maquille la femme dans le miroir.

De retour dans le salon, elle ramasse les morceaux de la sculpture épars sur le sol et remet de l'ordre. Chaque mouvement lui pèse.

Elle s'installe sur le canapé et regarde avec nostalgie un des murs du salon sur lequel elle ajoute, depuis des années, des photos d'amis, des paysages ainsi que des photos insolites offertes par Valérie, la fille de Marie, qui est photographe.

Toute blonde et ébouriffée, comme sa mère, elle a toujours l'œil à l'affût. Votre regard passe là où le sien s'arrête. Elle penche la tête et dit : « Vous avez vu ça ? » ; le ça, c'est la petite brindille, une ombre, une porte, une chaussure...

Jo se promène dans son appartement. Elle soulève un objet, le tourne entre ses doigts puis le repose. Elle n'a conservé que quelques objets « précieux » après son divorce. Du plus joli, un vase chinois ancien, au plus ringard, un baromètre en bois. Elle n'y voit pas de la décoration mais des souvenirs attachés à chacun d'eux.

« Il fallait que tu l'aimes ta grand-mère pour avoir gardé ce baromètre », lui avait dit Marc en se moquant.

— Rigole, avait répondu sa mère, c'est toi qui vas en hériter. Quand tu le regarderas tu penseras à ta mère qui aimait sa grand-mère. Toi-même tu le légueras, à un de tes enfants qui, lorsqu'il le regardera, pensera à son père qui aimait sa mère, qui aimait sa grand-mère. Il vaudra de l'or ce baromètre dans quelques générations. Réfléchis bien avant de te moquer bêtement de ce superbe baromètre. Ce que tu vois là, c'est de l'amour en héritage.»

Un coup de sonnette la sort de ses souvenirs ; Sylvie est déjà là.

« Bonjour, ma Chérie, commence Sylvie, tu vas même avoir le choix.

— Ne me dis pas que tu as des perruques qui vont du blond

platine au noir corbeau ?

— Non, la même couleur que tes cheveux et des longueurs différentes. Elle est sympa la vendeuse ; elle me les a prêtées. »

Elle hésite avant de continuer.

« Tu en as perdu beaucoup ?

— Pas mal oui, et c'est le début. C'est horrible, quand tu vas voir ça… Viens t'asseoir, je te prépare un café. »

Pendant que Jocelyne prépare le café, Sylvie, à son tour, regarde les photos sur le mur. L'une d'elles attire son attention. Elle reconnaît les quatre silhouettes emmitouflées dans de gros manteaux. Jocelyne enlacée par Serge et elle-même main dans la main avec Michel. Elle est vieille cette photo, au moins quinze ans. Serge est parti aux États-Unis et Michel… pour combien de temps encore ?

« La tête que tu fais ! dit Jocelyne en entrant dans le salon. Ne t'inquiète pas, c'est un mauvais moment à passer.

— Pourquoi dis-tu cela ? demande Sylvie les sourcils levés ?

— Ben… pour la perruque, répond Jocelyne en levant elle aussi les sourcils.

— Oui, bien sûr. Je suis un peu fatiguée en ce moment, excuse-moi.

— Au fait, je n'y ai même pas pensé. Qui s'occupe de l'agence ? Tu l'as fermée ? demande Jocelyne.

— Ne t'inquiète pas, il y a deux personnes à l'agence. Elles ont peu de rendez-vous. Il y a plus de vendeurs que d'acheteurs actuellement… Tu ne bois rien, s'étonne-t-elle ?

— Non, tout m'écoeure en ce moment.»

Sylvie boit, à petites gorgées, son café tout en passant en revue les photos sur le mur.

« Cela mériterait une réactualisation, non ? fait-elle remarquer.

— J'ai hésité à le faire. Ce sont de bons souvenirs, quand même.

— Oui et non. Les bons rappellent aussi les mauvais.

— Tu as peut-être raison… Bon, il va falloir y aller, dit Jocelyne. Tu me dis, si tu es d'accord : je voulais savoir si tu voulais bien me raser la tête, je ne voulais pas laisser faire cela par un inconnu.

— Te raser la tête ? répète Sylvie les yeux ronds.

— Oui, il me reste plusieurs chimios à faire et d'ici là, je serai chauve. Psychologiquement, le fait de me raser la tête avant que mes cheveux ne tombent me donne l'impression de maîtriser la situation.

— Il me semble que tu te mets la barre un peu haut, non ? »

Jocelyne se recule dans son fauteuil et lève les yeux vers le ciel.

« Je ne sais plus. La moindre action devient un dilemme. Je doute de tout. Je ne me vois pas revivre le cauchemar de ce matin, plusieurs jours. Même prévenue, c'est un choc terrible. Je vais peut-être suivre le conseil de ma gynéco : me faire couper les cheveux très courts. Elle m'a dit que cela serait moins difficile à vivre.

— Je serai plutôt de son avis. Tu les perdras complètement quand tu seras dans ta maison de convalescence, le cadre sera en quelque sorte presque naturel. »

Les cheveux de Jocelyne, naturellement bouclés, permettent à Sylvie de faire une coupe à peu près correcte. Elle laisse quelques mèches plus longues pour camoufler les plaques.

« Ça te va bien, les cheveux courts, fait remarquer Sylvie. Bouclés, cela reste très féminin.

— Tu as raison, c'est pas mal. Je crois que je vais essayer la perruque aux cheveux courts. Autant que je m'y habitue. »

La perruque sur la tête, Jocelyne se regarde longtemps.

« Non, je ne suis pas à l'aise. Laisse tomber, je crois que je vais mettre des foulards. Excuse-moi de t'avoir dérangée avec ça.

— Tu sais, au moins, que tu n'aimes pas.

— Tu les remercieras de ma part de te les avoir prêtées. Merci d'avoir fait la coiffeuse, c'est très gentil. »

Après avoir nettoyé la salle de bains, elles préparent la valise de Jocelyne. Cette dernière a beaucoup maigri et elles arrivent difficilement à trouver deux pantalons à sa taille.

« Si tu as le courage, propose Sylvie, on peut aller acheter quelques vêtements ; il y a pas mal de magasins dans ta rue.

— Si tu veux, répond Jocelyne sans enthousiasme.

— C'est important, je t'assure. Allez viens, on en a pour une heure maxi. »

*

Quelques boucles sortent du béret chamarré que Sylvie lui a offert.

« Il te va bien ce chapeau, Maman, dit Marc en mettant la valise de sa mère dans le coffre. Tu es toute jolie. »

Élodie se tient, timide, près de la voiture. Jocelyne lui propose de s'installer à l'avant.

« Vous serez plus à l'aise, allez-y, je vous en prie. »

Élodie hésite et tourne la tête vers Marc ; le hochement de tête de celui-ci la convainc. Quelques banalités sont échangées puis ils se taisent. Marc ne sait pas trop comment aborder le sujet mais il n'a pas le choix.

« Ah oui, j'ai eu l'avocat de Michel ; nous avons rendez-vous mercredi prochain.

— Que t'a-t-il dit ? Cela se présente bien ?

— Il n'a rien dit de spécial. Il veut étudier ton dossier avant de donner un avis.

— Tu as vu combien il me demande, ce Ancier, en dédommagement, hors frais de procédure ? dit Jocelyne.

— Oui, j'ai vu, quatre-vingt mille euros. Il est malade ce type.

— Ne vous inquiétez pas, intervient Élodie, pour certains, toutes les occasions sont bonnes pour se faire de l'argent. Là, il demande un maximum pour négocier. Vous avez protégé vos biens personnels ?

— Oui, je l'ai fait, devant notaire, sur les conseils d'une de mes amies qui est agent immobilier.

— Alors, c'est déjà bien, dit Élodie.

— Vous avez l'air de vous y connaître, fait remarquer Jocelyne.

— Mon père est avocat et il m'a bercée avec des articles de loi. »

Marc voulant effacer l'atmosphère pesante qui commence à s'installer change de conversation.

« Regardez bien les pancartes ; j'ai réservé une table dans une auberge qui s'appelle « Les parfums du Sud-Ouest » dans un tout petit patelin du nom de Graiville.

Élodie regarde défiler la route, à l'affût de la moindre pancarte.

« Tu es sûr qu'il est sur la carte, ton patelin ? Là, je ne vois que des champs qui alternent avec des arbres, des champs, des arbres… Oh ! Regarde ! Une vache et son petit !

— C'est incroyable, se moque Marc. »

Élodie ne fait aucun commentaire mais lui pince sans ménagement la cuisse.

Marc roule doucement et leurs trois paires d'yeux inspectent le moindre bosquet à la recherche de la fameuse enseigne. Un petit cri d'Élodie les fait sursauter :

« Là ! À droite, à deux cents mètres « Les parfums du Sud-Ouest ».

— On ne panique pas, ma Parisienne, dit Marc. Je suis sûr qu'elles sont très gentilles ces créatures d'un autre monde. »

C'est, a priori, une petite plaisanterie de trop. Élodie plisse les yeux et lui lance un regard vengeur.

L'auberge est ravissante : vieilles pierres, volets bleu pervenche, glycines endormies appuyées contre le mur d'entrée. Jocelyne soupire d'aise. Marc l'interprète mal et se dépêche d'aller ouvrir la portière, couvre les épaules de sa mère avec son manteau et la précipite dans le hall d'entrée.

« Je reviens, lui chuchote-t-il. Je vais garer la voiture ».

Élodie la rejoint puis elles se dirigent vers un grand comptoir derrière lequel se tient une femme opulente dont la forte poitrine est mise en valeur par un décolleté plongeant. Par réflexe, Élodie remet en place son col roulé.

« Bonjour, nous avons réservé une table au nom de Monsieur Marc Diant, dit Élodie.

— Bonjour… Oui, oui, répond la dame avec un sourire aussi généreux que sa poitrine, je vous accompagne à votre table. »

Elles traversent une longue salle dont les tables sont

occupées, en majorité, par des couples. La mine de certains d'entre eux laisse paraître la gêne de ceux qui ont des séminaires de travail, le dimanche, à deux cents kilomètres de Paris... Jocelyne fait une discrète grimace à un homme d'une cinquantaine d'années accompagné d'une très jeune femme ; il plonge, dans la seconde qui suit, dans son assiette. Dédaigneuse, elle détourne son regard, rattrape l'aubergiste et Élodie qui sont déjà arrivées à leur table.

« J'y crois pas, c'est pas vrai ! »

La surprise de Jocelyne est évidente.

« Salut ma Jo, dit Marie.

— Coucou, ma Belle, fait écho Sylvie.

— Qu'est-ce que cela me fait plaisir de vous voir ! murmure Jocelyne les yeux brillants.»

Sylvie, éblouissante dans sa robe bleue, se lève et la serre dans ses bras.

« Tu as laissé Michel dans son fauteuil avec ses charentaises ? demande Jocelyne.

— Il a beaucoup de travail en ce moment, répond Sylvie.

— Hum... Il doit travailler même le dimanche ?

— C'est ça, oui, surtout le dimanche. Allez, laissons cela. Et toi, comment vas-tu ? Puis, s'adressant à Marie : t'as vu, si elle est jolie avec les cheveux courts ?

— Superbe, confirme Marie.

— On va en profiter, dit Jocelyne, cette beauté-là va être très éphémère... Oh, pardon, dit-elle en se retournant vers Élodie. Je ne vous ai pas présenté Élodie, une amie de Marc. »

Les « Bonjour » et « Enchantée » sont interrompus par l'arrivée de Marc.

« Alors Maman, tu la trouves comment cette auberge ? Bonjour les Tantes, vous avez fait bon voyage ?

— Salut Marc. Ta mère était en train de nous présenter ta fiancée, dit Marie.

— J'ai dit « une amie de Marc », rectifie Jocelyne.

— C'est pareil, je suis visionnaire, c'est tout. »

Gêné, Marc se tourne vers Élodie.

« Elles sont un peu taquines, tu sais.

— Mais si elle te dit qu'elle est visionnaire, dit Élodie avec un sourire moqueur. Où est le problème ?

— Ben, heu… Je… Je… »

Le bégaiement de Marc fait rire les quatre femmes.

« J'ai pris la liberté de commander, pour tous, le menu unique, reprend Sylvie. Soufflé de foie gras en entrée, magret de canard à l'orange et, en petit dessert léger, un gâteau basque. Ça va aller Jo ? Tu veux que l'on demande s'il y a autre chose ?

— Ne t'inquiète pas, ça va aller. C'est votre compagnie qui est importante. »

Tout le monde se veut plus gai qu'il ne l'est réellement, Marie ne trouve même pas de bêtises à dire. Elle regarde Jocelyne et lui demande.

« Ça va ?

— La fatigue a raison de mes angoisses. C'est idiot, mais j'ai l'impression de vivre ça de l'extérieur. Ma tête ne suit pas mon corps ; j'ai une sorte de dissociation entre mon corps et mon esprit.

— Tu as l'impression d'être dans un rêve ? demande Sylvie intriguée.

— C'est un peu ça, d'être une sorte de pantin. Impuissante. »

Marie fait tourner son verre entre ses mains tout en écoutant. Pensive, elle le repose et ne trouve pas de mots pour encourager son amie. Elle se penche, disparaît presque sous la table et en ressort avec un cadre.

« J'ai un cadeau pour toi, de la part de Valérie. Elle retourne le cadre et le met face à Jocelyne. Regarde. Elle a mis un petit message derrière « Ça te fait penser à quoi ? »

Jocelyne observe avec attention la photo. C'est, sur un fond de ciel bleu, un fil à linge sur lequel sont fixées deux épingles reliées par le givre.

« Ça peut faire penser à plein de choses, commente-t-elle. »

Marie fait pivoter le cadre afin que chacun puisse la voir. Marc se lance et suggère.

« Cela me fait penser à… Le givre me fait penser à un

sourire. Ça fait comme un sourire de…»

Marc n'a pas le temps de terminer sa phrase que la poitrine de l'aubergiste vient s'interposer entre la photo et sa tête.

« Excusez-moi de vous interrompre mais on apprécie les soufflés de foie gras que s'ils restent des soufflés, c'est-à-dire chauds. Ce serait dommage… »

Marie repose le cadre derrière elle.

« Allons-y, dit-elle. Voyons si le goût est à la hauteur de la présentation et du parfum. Hum ! C'est super ! »

Chacun y va de sa petite phrase sauf Jocelyne qui conserve ses couverts à la main et hésite à manger.

« C'est vachement bon dit Marc. Tu ne manges pas Maman ?

— Je vais juste faire honneur. Allez-y, mangez. »

La fin du repas est pénible pour Jocelyne. Fatiguée, elle commence à s'affaisser sur sa chaise.

« Si tu veux, Maman, on va y aller. Il ne faudrait pas que nous arrivions trop tard si tu veux t'installer et visiter le centre.

— Tu as raison mon Chéri. Je suis pressée de visiter mon lit. »

L'amitié a ses timidités, et, après avoir raccompagné Jocelyne à la voiture, Sylvie et Marie se tiennent penaudes dans l'allée en regardant la voiture s'éloigner.

« Tu fais quoi dimanche prochain, demande Marie ?

— La même chose que toi, répond Sylvie. Tu passes me prendre à neuf heures ? »

# Madeleine

# CHAPITRE III

Si la bâtisse peut être classée dans le style « Quelconque », le parc, quant à lui, est magnifique. Des pins se disputent des petits îlots de verdure agrémentés de bancs et de pots de fleurs occupés, compte tenu de la saison, par de la bruyère mauve et rose.

« Bonjour Mesdames, dit une toute jeune femme derrière son comptoir.

— Bonjour, répondent en choeur Jocelyne et Élodie. »

Mal à l'aise, Jocelyne prend la parole.

« J'ai réservé… enfin je viens là pour un séjour… à la suite d'une opération… Je m'appelle Jocelyne Loudet. »

En quelques clics, la jeune femme consulte son fichier.

« Madame Loudet… Chambre 208, deuxième étage. Je vais demander que l'on vous accompagne.»

Elle interpelle un jeune homme en blouse blanche.

« Simon, s'il te plaît, peux-tu accompagner ces dames à la chambre 208 ?

— Bien sûr, répond le dénommé Simon, que Jocelyne surnomme immédiatement « Gaston » en hommage à la chevelure rebelle et l'air éveillé du si célèbre Gaston Lagaffe. »

Le sourire que Simon destine à la jeune femme de l'accueil laisse supposer à Jocelyne que celle-ci doit s'appeler « Mam'zelle Jeanne », la fiancée de Gaston.

Simon prend une des valises et les précède jusqu'à l'ascenseur. Le jeune homme est à la hauteur de l'intuition de Jocelyne lorsqu'ils se retrouvent effectivement dans une chambre face à une petite dame qui leur fait remarquer que la chambre est déjà occupée.

« Excusez-moi Madame, nous ne sommes pas dans la chambre 208 ?

— Non jeune homme, c'est la chambre 308.

— Excusez-moi Madame. Au revoir. »

Il referme la porte et se retourne tout sourire vers Jocelyne et Élodie.

« Alors, je crois que ce n'est pas le bon étage. On repart. »

Ascenseur : ils descendent au premier sous-sol, pour accompagner la femme de ménage. Ils remontent au premier étage, pour accompagner un très vieux monsieur aux larges bretelles écossaises. Ils repartent au rez-de-chaussée pour rien du tout. Là, Élodie prend l'initiative d'appuyer sur le bouton « 2 ».

« Je n'avais pas appuyé sur le bouton ? demande Gaston ».

Encombré de la valise qui s'obstine à rouler de travers, il scrute toutes les portes et lit à haute voix leur numéro.

« On y est, c'est marqué dessus ! s'exclame-t-il. Chambre 208 ! »

Il actionne la poignée… qui résiste. Jocelyne et Élodie l'attendent dans le couloir, le temps qu'il redescende au rez-de-chaussée demander à Mam'zelle Jeanne les clés.

Marc, qui est allé garer la voiture, arrive en même temps que Gaston ; la porte de la fameuse chambre 208 est ouverte.

C'est une chambre de taille moyenne éclairée par une large baie vitrée.

« Bon, dit Marc, on pourrait peut-être commencer par personnaliser cette chambrette en accrochant au mur la photo de Valérie. »

Il s'avance vers la baie vitrée.

« T'as vu Maman, tu as une superbe vue sur le parc avec un petit balcon… Maman ?»

Élodie qui est, elle aussi, en train d'admirer le paysage, fronce les sourcils et tous les deux se précipitent dans le cabinet de toilette. Jocelyne est accrochée au lavabo, la tête penchée.

« Ça va Maman ? demande Marc inquiet. »

Jocelyne relève la tête. Son visage est blême et son sourire maladroit.

« Désolée, j'ai une grosse fatigue.

— J'appelle un médecin ? demande Marc.

— Non, je te remercie. Je vais juste me reposer un peu. »

Ils l'aident à s'allonger et, pendant qu'elle se repose, ils se chargent de ranger ses affaires ; aucun d'eux n'ose parler. Marc, les yeux embués, fait un visible effort pour ne pas pleurer.

Ils ont terminé et maintenant ils regardent Jocelyne dont le visage commence à reprendre des couleurs ; sa respiration est plus calme. Marc fait un signe à Élodie pour lui signifier qu'ils vont sortir. Ne sachant pas si sa mère dort vraiment, il lui chuchote :

« On va faire un tour Maman ; on revient dans une heure. »

Marc referme délicatement la porte et reste quelques secondes la main sur la poignée, l'oreille aux aguets.

Élodie n'a jamais vu Marc ainsi. Il appuie sur le bouton du rez-de-chaussée et, dès qu'ils sont arrivés, se dirige directement vers la sortie.

« J'ai vu qu'il y avait un salon de thé, lui dit-elle, je vais t'attendre là-bas.

— Oui, merci, j'ai besoin de prendre l'air. »

Assise sur un fauteuil en rotin du salon de thé, Élodie regarde la silhouette courbée de Marc qui s'est installé sur un banc du parc. Les coudes appuyés sur les genoux, il tient sa tête entre ses mains. Insensible au froid, il ne bouge pas. Une demi-heure plus tard, il se redresse enfin et tourne la tête de gauche à droite comme s'il découvrait le lieu dans lequel il se trouvait. Élodie en profite pour l'appeler d'un geste de la main ; il se lève presque instantanément. Ce retour sur terre le fait frissonner et il se dépêche de rentrer.

Il est à peine arrivé qu'une serveuse lui apporte un chocolat brûlant.

« Ils lisent dans les pensées ici ? demande Marc, surpris.

J'y pensais.

— En quelque sorte, lui répond Élodie. »

\*

Jocelyne ne s'assoupit que quelques minutes ; une nausée l'envahit et elle n'a que le temps d'aller aux toilettes. À genoux, au-dessus de la cuvette, elle est prise de soubresauts incontrôlables.

« Vite, ils vont revenir ; ils ne doivent pas me voir dans cet état. »

Adossée au mur, elle s'oblige à reprendre sa respiration. Elle écoute le moindre bruit. Lentement, elle se redresse en prenant appui sur le lavabo. Elle s'asperge le visage et la nuque d'eau froide puis lève sa tête vers le miroir. Elle ferme les yeux face à cette image désolante.

Cela va mieux. Elle entreprend de se laver les dents et de se recoiffer. Avant de ranger sa brosse dans la trousse de toilette, elle en retire une poignée de cheveux qu'elle jette, avec dégoût, dans la poubelle.

« Quelle horreur, ce corps. »

Assise sur le lit, elle se familiarise avec ce qui va être son domaine durant les prochaines semaines. La chambre est de dimension raisonnable : à l'angle, près de la baie vitrée, une petite table et deux chaises ; à droite du lit, une table de chevet, à gauche, un fauteuil et, enfin, accrochée au mur, une télévision. La photo de Valérie a remplacé un « magnifique » tableau de campagne qui a, sans aucun doute, la même place dans toutes les chambres du centre.

Marc a déposé sa vieille chemise cartonnée entre les pieds de la table et le mur ; ses crayons de couleur et ses feutres sont, bien en évidence, sur la table.

« Cela va être long, soupire-t-elle, bien long… »

Elle reconnaît les voix de Marc et d'Élodie dans le couloir et se lève. Elle est contente d'avoir recouvré ses esprits ; elle peut « faire bonne figure » aux petits. Elle répond par un « Entrez » assuré, au léger frappement de Marc sur la porte.

« Ah, tu as meilleure mine, dit Marc en s'approchant de sa

mère. Tu nous as fait peur.

— J'étais seulement un peu fatiguée. Et vous, qu'avez-vous fait pendant ce temps ?

— Nous avons visité le salon de thé, la bibliothèque et le restaurant. Après, c'est dehors que cela se passe ; le parc est très agréable. Heu, j'oubliais de te dire... J'ai croisé le médecin à la réception. Il m'a dit qu'il passerait te voir en début de soirée. Cela t'embête ?

— Pas du tout... dit Jocelyne en regardant sa montre. Vous devriez y aller, vous en avez au moins pour deux heures de route, et encore, s'il n'y a pas d'embouteillages.

— On va y aller, oui. Je viens le week-end prochain. Je te ramène quelque chose ? demande Marc.

— Je préfèrerais, si tu le veux bien, la semaine suivante, ce serait mieux. J'ai une chimio mercredi et je ne suis pas très en forme après.

— Justement, je serai là.

— Non, mon Chéri. Tu me connais, je préfère être seule quand je ne vais pas bien.

— D'accord, soupire Marc d'une petite voix. De toute façon, on s'appelle ; si tu changes d'avis, tu me le dis.

— Ça marche. Ne t'inquiète pas mon Chéri. Ça va aller.»

*

Après leur départ, Jocelyne s'allonge sur son lit. Elle s'est bien rendu compte qu'elle avait peiné Marc. « Je ne veux pas qu'il me voie ainsi. Je suis devenue dépendante de tout et de tous. Je ne maîtrise plus rien. Je ne pourrais jamais vivre comme ça, c'est impossible ».

Elle se recroqueville et cache son visage dans ses mains. Elle ne maîtrise pas non plus le flot de larmes qui inonde son visage. Elle est obsédée par cette même phrase « Je ne maîtrise rien. », « Je ne maîtrise rien » et la répète sans cesse, à haute voix.

Elle n'a pas remarqué le docteur Audrieu qui, les mains appuyées sur le montant du lit, la regarde. Il toussote pour signaler sa présence ; Jocelyne n'esquisse aucun mouvement de surprise ni de gêne.

« Désolée, je ne maîtrise plus rien.

— Bonjour Madame Loudet, je suis le docteur Audrieu, je vais vous suivre durant votre séjour. Je peux m'asseoir ? »

Jocelyne se remet sur le dos et essuie ses larmes.

« Excusez-moi. Bien sûr, asseyez-vous, je vous en prie. »

Il s'installe dans le fauteuil près du lit. Jocelyne reste allongée, le regard fixé sur la photo de Valérie. Il respecte son silence un moment, le temps qu'elle s'habitue à sa présence. C'est Jocelyne qui le rompt :

« Dites-moi, Docteur, ça vous fait penser à quoi cette photo ?

— À ce que l'on a envie que ce soit, répond-il »

Jocelyne sourit. Elle se lève et va s'installer sur la chaise près de la table.

« C'est plus confortable pour discuter, se justifie-t-elle.

— C'est certain… Je… Quand… Quand je suis arrivé, vous disiez « Je ne maîtrise rien. »

Jocelyne hoche la tête tristement ; le médecin continue.

« Toute maladie grave met en situation de dépendance et personne n'y échappe. Ne pas maîtriser ne veut pas dire baisser les bras.

— Il n'y aurait que cela, Docteur… Je crois que j'ai même perdu mon identité.

— Perdu votre identité ? Vous n'arrivez plus à vous définir ?

— Je ne me reconnais pas dans ce que me renvoie le miroir.

— C'est normal, Madame Loudet, vous avez subi une opération et maintenant un traitement de chimiothérapie. Dans quelques mois vous vous reconnaîtrez dans le miroir, rassurez-vous.

— Je ne crois pas, non, je ne serai plus jamais la même, murmure Jocelyne. »

Le médecin se remet en mémoire le dossier médical de sa patiente et comprend ce à quoi elle fait allusion.

« Cette opération vous a sauvé la vie. Votre féminité n'est pas remise en cause. La chimiothérapie est difficile à vivre mais elle est nécessaire. Vous verrez, après cela, vous aurez l'impression de renaître. Vous récupérerez progressivement votre indépendance et vous retravaillerez. Vous reprendrez une vie tout à fait normale. Essayez de considérer cela comme une parenthèse.

— Une parenthèse, répète Jocelyne. Mettre sa vie entre parenthèses.

— Je veux dire qu'il s'agit, dans votre vie, d'un événement particulier, qui a un début et une fin.

— Je suis pressée de fermer cette parenthèse, soupire Jocelyne.

— Je le comprends bien. Et, à ce sujet, pour la refermer le plus rapidement possible, je vous propose de descendre dîner au restaurant.

— Oh, non ! Je suis fatiguée ; je n'ai pas faim, gémit Jocelyne.

— Vous devez manger un peu, Madame Loudet, c'est essentiel pour votre corps. Vous devez aussi voir des gens, parler, échanger ; c'est très important. Vous n'allez pas rester cloîtrée dans votre chambre.

— Pas ce soir, dit Jocelyne en fermant les yeux. Demain, d'accord, mais pas ce soir, j'ai besoin d'être au calme. »

Jocelyne sent, de nouveau, sa gorge se nouer ; elle n'ose pas rouvrir les yeux, de peur de pleurer.

« Fatiguée, je suis fatiguée.

— Nous allons faire une exception, détendez-vous. Je vais demander que l'on vous apporte votre repas dans votre chambre. Je reviendrai demain, en fin de matinée.

— Je vous remercie. À demain.

— Mangez un peu, tout de même. Je vais faire ajouter un complément alimentaire hyperprotéiné. Vous préférez vanille ou chocolat ?

— Chocolat, s'il vous plaît.

— À demain. Reposez-vous, Madame Loudet. »

Après le départ du médecin, Jocelyne se réinstalle péniblement sur son lit. Elle entend un brouhaha dans le couloir ; c'est l'heure du repas et tous les résidents se précipitent vers les ascenseurs. Jocelyne comprend, dès le lendemain, qu'il y a trois événements importants dans une journée : le petit déjeuner, le déjeuner et le dîner.

Son repas lui est apporté par le jeune Gaston et, comme par réflexe, elle se recule, de peur qu'il ne lui renverse le plateau sur elle. Mauvaise pensée, se dit-elle lorsqu'elle le voit le déposer délicatement sur la table... Sa sortie est plus remarquable : il accroche la manche de sa blouse dans la poignée de la porte et l'on entend un léger déchirement.

« Oh là là ! dit-il à haute voix, je vais encore me faire engueuler. Oups, excusez-moi ! Au revoir Madame Loudet. Bonne nuit, à demain. »

Elle essaye d'avaler quelques cuillerées de purée mais cela la fait suffoquer. Tous les aliments l'écœurent, toujours ce goût métallique. Elle se contente de son complément alimentaire.

Elle s'endort avec l'image de Marc.

*

Vers sept heures, le lendemain matin, elle est réveillée en douceur par une aide-soignante qui lui demande si elle a bien dormi.

« Je lève un peu le volet dit-elle, prenez votre temps. Le petit déjeuner est servi en salle à partir de huit heures. Bonne journée. »

Jocelyne reste allongée, à l'écoute de son corps. Les premiers bruits dans le couloir lui signalent qu'il est temps de se lever.

« Encore une. Encore une journée de défi, une journée à affronter ce corps, les gens, le bruit ».

Assise sur le bord de son lit elle regarde son oreiller maculé de cheveux.

« Où ai-je rangé mes foulards ? ».

L'épreuve du miroir est moins difficile que prévu. Sa toilette terminée, elle se maquille et se couvre la tête. « Une parenthèse, il ne s'agit que d'une parenthèse. »

A l'entrée du restaurant, Jocelyne hésite, regarde autour d'elle pour trouver une place. Une dame de service, voyant son embarras, lui demande son nom, consulte un tableau et l'accompagne jusqu'à une table où déjeunent deux autres parenthèses. L'une d'elles, une jeune femme d'une trentaine d'années, porte, elle aussi, un foulard sur la tête. La deuxième personne, âgée, est absorbée par ses tartines qu'elle trempe dans son bol de café.

Jocelyne se contente d'un thé et s'efforce de grignoter une biscotte. Elle regarde les pensionnaires : une population dont la moyenne d'âge doit avoisiner les soixante-dix ans et, de ce qu'elle peut en voir, très coquette. La jeune femme entame la conversation timidement :

« L'adaptation n'est pas trop difficile ? demande-t-elle. Ce n'est pas facile au début. Moi, je suis là depuis une semaine. »

Elle marque une pause et ajoute :

« Je m'appelle Hélène. Hélène Garret. »

— Je m'appelle Jocelyne. Mais, comment savez-vous que je viens d'arriver ?

— J'étais dans le hall lorsque vous êtes arrivée ; je raccompagnais mon mari et ma fille.

— Quel âge a-t-elle ?

— Inès a quatre ans. C'était vos enfants qui vous accompagnaient hier ?

— Le jeune homme c'est mon fils, qui a vingt-sept ans, et la jeune femme, son amie. »

Jocelyne se tourne vers la vieille dame et l'invite, par un sourire, à se présenter.

« Moi, je m'appelle Andrée Dupouvier. Moi aussi, j'ai des enfants, j'en ai huit. Dans mon temps, on ne choisissait pas... »

Elle fait la moue et continue.

« Huit enfants et pas un dans la région. C'est dur pour eux de venir me voir. Ils peuvent pas, y z'ont trop de travail. C'est comme ça, c'est tout, conclut-elle en retournant à ses tartines.»

Le « C'est comme ça, c'est tout » les met mal à l'aise. Jocelyne relance, malgré tout, la conversation :

« Vous travaillez ? demande-t-elle à Hélène

— Je travaillais, oui, j'étais danseuse.

— Danseuse « classique » ?

— Oui, je faisais partie de la compagnie du chorégraphe Kaliov. Et vous ?

— Je suis illustratrice.

— Il faut une sacrée imagination, dit Hélène. C'est sympa comme métier.

— Cela dépend pour qui vous travaillez, répond Jocelyne en pensant à Ancier. Enfin, d'une manière générale, c'est agréable.

— Vous faites des BD aussi ?

— De temps en temps, je fais quelques planches. J'aime bien tourner les évènements en dérision. Je n'ai jamais pris le temps d'en faire une intégralement. C'était un projet. Enfin, rectifie Jocelyne, c'est un projet.

— Je comprends bien. Moi aussi j'ai du mal à parler au présent en ce moment. Au futur aussi, dit-elle plus bas. »

Leur voisine regarde sa montre et se lève.

« Excusez-moi, Mesdames, je me dépêche, je vais rater mon feuilleton. À plus tard. ».

Jocelyne regarde madame Dupouvier s'éloigner et demande à Hélène.

« Pourquoi « À plus tard » ?

— Nous avons des places attitrées au restaurant pour toute la durée du séjour.

— C'est très organisé, dites-moi.

— En effet, très. Je vais, moi aussi, devoir vous laisser. Je n'ai pas de feuilleton à voir mais un mari qui m'appelle tous les matins à neuf heures. Il me dit que cela lui fait du bien de m'entendre avant de commencer sa journée. À tout à l'heure.

— À tout à l'heure, oui… »

Lorsqu'elle remonte dans sa chambre, la porte-fenêtre est ouverte et le lit refait ; il n'y a plus aucune trace de cheveux sur l'oreiller. Il fait un peu froid mais elle ne résiste pas à l'envie d'aller respirer l'air frais sur le balcon. Elle enfile un gilet et enroule une écharpe autour de son cou avant de sortir. La pluie de la nuit a fait remonter une agréable odeur de terre. Trop frais tout de même, elle frissonne et rentre.

Bien que fatiguée, Jocelyne se sent mieux ; elle n'a pas de

nausée. C'est une bonne journée qui s'annonce. Encore trois heures avant le déjeuner : Télé ? Dormir ? Lire ?

Il n'y a que l'intention de lire, son esprit n'y est pas. Assise dans le fauteuil, Jocelyne, revit sa conversation avec Hélène. Elle a bien remarqué qu'Hélène avait dit « J'étais danseuse », cela voulait-il dire qu'elle ne pouvait plus l'être ?

« Une chance que mon métier ne soit pas lié à ma condition physique… Ouille, qu'elle est bruyante cette sonnerie de téléphone. Il était sourd, le précédent locataire ? »

« Allo ?

— Bonjour Maman. Comment vas-tu ce matin ?

— Bonjour mon Chéri. Bien. Désolée pour hier, je crois que j'ai mal digéré les parfums du sud-ouest…

— Tu n'en as pourtant pas abusé. Je suis désolé, ce n'était vraiment pas une bonne idée… Le médecin est venu te voir ?

— Oui, en début de soirée.

— Que t'a-t-il dit ?

— On a un peu discuté ; il doit repasser cet après-midi. Tu sais, il n'y a pas grand-chose à faire. Il faut attendre la fin du traitement de chimio, après cela ira mieux. Heu… J'ai réfléchi, tu peux venir ce week-end, si tu veux.

— Cela ne t'embête pas ?

— Disons que si je continue à raisonner comme ça, on ne se verra pas avant six mois. C'est un peu long tout de même. »

Jocelyne note un changement de ton dans la voix de son fils.

« Super. Je te ramène quelque chose en particulier ?

— As-tu une boîte à musique, genre lecteur de CDs avec des petites enceintes.

— Oui, j'en ai une. Les CDs ?

— Tu peux prendre ceux qui sont sous la chaîne Hifi, deuxième étagère. Ah, oui ! mon dictionnaire aussi, il est sur mon bureau.

— C'est tout ?

— *A priori*, oui. Je te rappelle si je fais un nouveau caprice. Ah oui, si tu pouvais, la prochaine fois, m'appeler plutôt sur mon portable, ce serait bien ; la sonnerie de ce téléphone me déchire les oreilles. »

*

« J'ai fait un gros effort à ce moment-là. Il m'a été difficile d'accepter de me montrer ainsi à mon fils, de montrer ma faiblesse ; ce n'était pas dans l'ordre des choses.

— *L'ordre des choses ? N'as-tu jamais été là lorsqu'il était malade ou triste ? l'interroge Madeleine.*

— C'est normal, je suis sa mère.

— *Je te ferai la même réponse, c'est normal qu'il réagisse ainsi puisque tu es sa mère. »*

Jocelyne sourit avec tendresse en se moquant d'elle-même.

« Mais c'est toujours un petit garçon.

— *Tu n'y crois même pas quand tu le dis.*

— C'est un homme, oui ; il n'a plus besoin de sa mère.

— *Il n'a plus besoin que sa mère lui prépare son goûter mais il a besoin de l'amour de sa mère.*

— J'ai appris à aimer avec mon fils.

— *Tu lui as offert un cadeau magnifique : un amour inconditionnel. Pas de « parce que », pas de « sauf ». Juste un « je t'aime ». Il a développé ses racines dans l'amour. Laisse-le t'aimer : juste un « je t'aime ».*

— Je t'aime, Madeleine.

— *Moi aussi, je t'aime.*

*

Son livre à la main, Jocelyne somnole. Elle est réveillée par l'arrivée d'une infirmière qui vient lui faire un prélèvement sanguin.

« Bonjour Madame Loudet. Je viens vous faire une prise de sang ; je n'en ai pas pour longtemps. »

Bonjour, répond Jocelyne d'une voix pâteuse. Allez-y, je vous en prie. »

Tout en préparant son matériel, l'infirmière continue de discuter.

« Votre dossier a été transmis au Docteur Caumont de l'hôpital Mitterrand à Calien, c'est à un quart d'heure d'ici.

C'est lui qui vous suivra pour les prochaines chimios. Respirez fort… C'est bon, je ne vous embête plus. C'est terminé, ajoute-t-elle en lui posant un pansement. »

Rapidité, efficacité, Jocelyne peut en témoigner, le corps médical manque de personnel. La visite n'a pas duré plus de dix minutes, ce qui lui permet de constater qu'elle a encore plus d'une heure à tuer avant le déjeuner.

« Si, dès le premier jour, je compte les heures, cela va être dur. Il va bien falloir que j'occupe cette parenthèse sinon je vais devenir folle. Je me plaignais toujours de ne pas avoir assez de temps, mais là, entre quatre murs, le temps perd de sa valeur. »

La sonnerie stridente du téléphone retentit à nouveau.

« Si je ne meurs pas de ce cancer, je vais mourir à coup sûr d'une crise cardiaque ».

« Allo ?

— Salut ma Jo. Comment vas-tu ? demande Marie.

— Ça va et toi ?

— Bien. On a eu une idée de génie Sylvie et moi, hier. On s'est dit, qu'après ton traitement, on irait en Irlande, c'est super beau, là-bas.

— C'est sympa comme idée mais tu sais, les projets même à moyen terme, j'évite.

— Tu as le cafard ?

— Non, pas vraiment. Je crois surtout que je n'ai envie de rien. J'ai la sensation d'être un gros légume avarié.

— Quelle poétesse ! Ô rage ! Ô légume avarié ! Que n'ai-je donc tant vécu pour vivre… Non, cela ne le fait pas ; habituellement tes métaphores sont plus jolies. Tu sais, ce n'est pas pour demain l'Irlande, vers le mois d'octobre à peu près.

— Les projets me dépriment en ce moment. J'ai beaucoup de mal à faire avec le présent, alors le mois d'octobre, tu n'imagines même pas.

— Oui, je comprends, excuse-moi.

— Ne sois pas désolée, c'est l'histoire de quelques semaines mais là, vraiment, j'affiche KO.

— Oui, bien sûr… Je ne sais pas trop quoi te dire ma Jo.

Bon… Sylvie et moi voulions venir te voir ce week-end, c'est possible ?

— Disons que cette semaine j'ai une chimio ; je ne suis pas très en forme après. Marc vient samedi…

— Hum… cela va te faire trop de monde à la fois, hein ?

— Un peu oui.

— Alors, on viendra quand tu le voudras. Je t'embrasse fort ma Jo. On est tous avec toi. »

*

Longtemps après avoir raccroché le téléphone, le mot projet reste présent dans son esprit. Dommage, elle n'a pas son dictionnaire.

*

« Madame Dupouvier n'est pas là ? demande Hélène à la jeune femme en charge du service.

— Non, elle a eu un malaise dans le courant de la matinée, elle se repose.

— Grave ? s'enquiert Jocelyne.

— Ah, c'est tout ce que je sais. Je ne sais pas ce qui se passe dans les étages, moi je ne m'occupe que du restaurant. »

Jocelyne mange avec peine quelques cuillerées de chaque plat. Selon les recommandations du docteur Audrieu, on lui a également servi un complément alimentaire.

« Moi aussi, je mangeais peu quand j'avais ma chimio. Maintenant, ça va, dit Hélène.

— J'angoisse déjà pour celle de mercredi. Les jours qui suivent sont tellement difficiles.

— En plus, mon fils vient samedi ; cela m'embête qu'il me voie dans cet état.

— Il vaut mieux qu'il vous voie plutôt qu'il imagine des choses encore plus terribles.

— Hum, peut-être… »

Jocelyne fixe un objet invisible sur la table puis son regard s'attache au livre qu'Hélène y a déposé.

— Que lisez-vous, demande-t-elle ?

— Je le relis, répond Hélène. C'est « La confusion des sentiments » de Stefan Zweig ; je l'ai emprunté à la bibliothèque.

— Ils ont l'air d'avoir de bons livres, on dirait.

— Tous les genres.

— Ils ont un dictionnaire ?

— Je n'ai pas fait attention, peut-être. Vous êtes déjà allée à la bibliothèque ?

— Il me semble qu'elle est au premier étage, mais je n'y suis jamais allée.

— Je vous accompagne après le déjeuner, si vous voulez, propose Hélène.

— Avec plaisir. »

Hélène a raison : un peu de tout, tous les genres, pour tous les goûts. Sans être immense, la bibliothèque est meublée de quelques fauteuils et d'une table basse, ce qui la rend assez agréable.

Hélène est assise face à Jocelyne et feuillette une revue « people ».

« Cela m'a toujours impressionnée de voir l'intérêt que certaines personnes peuvent porter à la vie des autres, dit à voix basse Hélène.

— Les rois, les princesses, les présidents, les stars, ça fait rêver.

— Oui, c'est ce que l'on appelle la vie par procuration.

— Vous aimez les mots ? demande Jocelyne à brûle-pourpoint.

— Disons que l'on ne peut s'en passer. Il y a un émetteur et un récepteur. Le problème c'est que la résonance peut être très différente entre l'un et l'autre. On peut utiliser un même mot et ne pas se comprendre.

— J'aime bien le dictionnaire pour cela justement, connaître la définition d'un mot, sa valeur. Tout à l'heure j'ai eu une de mes amies au téléphone et elle me parlait de projet. Alors, là, je cherche dans le dictionnaire la définition du mot projet.

— Alors, lisez-la moi. C'est un mot qui m'intéresse beaucoup en ce moment.

— « n. m. 1. Ce qu'on a l'intention de faire : un projet hardi. Provient du mot latin projectum de projicere, « jeter quelque chose vers l'avant » dont le préfixe pro- signifie « qui précède dans le temps » - 2. Ébauche, première rédaction d'un texte : un projet de contrat - 3. Dessin et devis d'une construction »

— « Jeter quelque chose vers l'avant » répète Hélène. Et quand ce quelque chose n'existe plus, on fait quoi ? »

Sa voix devient hésitante et elle déglutit plusieurs fois avant de reprendre.

« Désolée, j'ai toujours mal quand j'en parle. Il va bien falloir pourtant que je m'y fasse. Je ne danserai plus...

— En êtes-vous certaine ?

— Oui, je viens de subir une ablation du sein.

— Vous ne pouvez pas avoir une chirurgie reconstructive ?

— Cela a été réalisé en même temps mais j'ai toujours la sensation d'être mutilée, cela ne sera jamais comme avant. »

Jocelyne baisse les yeux et se souvient de sa conversation avec le docteur Audrieu. Son empathie avec Hélène lui donne des crispations au ventre.

« Je comprends ce que vous voulez dire.

— Je ne pourrai plus danser, continue Hélène, car cela nécessite une excellente forme physique. Je venais d'être nommée première danseuse, vous vous rendez compte ? Et d'un seul coup...

— Vous ne pensez pas pouvoir récupérer votre forme physique ?

— Cela m'étonnerait. Excusez-moi, je vais vous déprimer si je continue.

— Pas du tout. Partager avec d'autres personnes qui ont vécu ou vivent la même chose, cela aide beaucoup.

— Je crois que c'est la première fois que j'en parle vraiment. On m'avait proposé de rencontrer un psycho-oncologue à l'hôpital mais j'ai refusé ; ce n'est pas dans mes habitudes d'étaler ma vie. Maintenant, je prends des antidépresseurs, ce n'est pas mieux. Vous parliez de projets tout à l'heure et, effectivement, je pense que c'est le vrai problème maintenant. J'ai perdu tous mes repères ; projeter et construire me paraissent insurmontables. A cela s'ajoute le fait que mon corps est... enfin, n'est plus le même ; je ne me suis pas regardée torse nu depuis mon opération...

— Je suis d'accord avec vous, ce n'est pas évident d'en parler à d'autres, à des « bien-portants », on a l'impression de se plaindre.

— C'est vrai, mais ce n'est pas que ça. J'ai l'impression d'avoir perdu le pilier de ma vie, mes certitudes. Je ne suis plus sûre de rien.

— Nous sommes passées d'un monde de certitudes à un monde de peut-être.

— Sans aucun doute, confirme avec ironie Hélène. Quelle est la définition de « peut-être » dans le dictionnaire ?

— Je regarde, dit Jocelyne. « Peut-être » : Loc. adv. Marque la possibilité, le doute.

— Je trouve que ces deux mots n'ont pas la même connotation, fait remarquer Hélène. Le mot possibilité me donne une impression positive, constructive, alors que le mot doute c'est plutôt le contraire.

— On peut donc en déduire que le monde des « peut-être » a, lui aussi, ses optimistes et ses pessimistes.

— De toute façon, on n'a pas le choix. Optimiste ou pessimiste, cela ne veut rien dire, ce ne sont que des projections dans le temps. »

Hélène a un mouvement d'humeur.

« D'accord, et alors, on en fait quoi de ce présent de merde ! »

La colère fait rosir ses joues.

« J'en ai marre ! Vous ne pouvez pas vous imaginer ! Marre de vouloir me raisonner, marre d'être là. J'en ai marre ! »

Elle se lève, se dirige vers la fenêtre et l'ouvre.

« J'ai une colère permanente en moi. Une envie de hurler indescriptible. »

Jocelyne hoche la tête plusieurs fois puis dit.

« Il faut bien faire avec ce présent de merde, pourtant. »

Elles se taisent. Hélène reste un long moment à regarder le parc puis se retourne en réajustant son foulard.

« Je vous laisse, mon mari et ma fille viennent cet après-midi. Toutes mes excuses pour cette scène de mélodrame se reprend-elle d'une voix froide, en refermant la fenêtre.

— Vous êtes dure avec vous-même.

— Oui, mais je n'aurais jamais été première danseuse si je ne l'avais pas été. »

*

Après le départ d'Hélène, j'ai repris le dictionnaire. Le mot « projet » revenait en permanence dans ma tête. Le projet est-il un but en soi ? Ou bien est-ce, justement, un moyen d'atteindre un but ? La vie est-elle une somme de petits projets ? Dans quel but ?

*« Je suis sûre que tu as regardé le mot « but », la taquine Madeleine.*

— Je ne me souviens plus de ce que j'ai lu exactement.

*— L'important c'est ce que tu en as retenu.*

— Cela reste très subjectif.

*— Dis-moi ce qui ne l'est pas...*

— Je me souviens surtout de ma réflexion « Je n'en ai plus ». Je me sentais, encore une fois, vide de tout. Et pour changer, ma pauvre Madeleine, j'ai pleuré ! Je n'ai jamais autant pleuré de ma vie, c'est incroyable !

*— Alors c'était quoi tes buts, avant ?*

— Mon fils, mon mari, mes amies et mon travail.

*— Eh bien, il t'en reste trois sur quatre.*

— Je ne suis qu'une pleurnicheuse, tu as raison.

*— Il n'est pas nécessaire de te flageller. Cherche plutôt ce qui t'a fait si mal, au point de t'en rendre malade. À partir de quand, t'es-tu sentie malheureuse ?*

— Pas malheureuse, mais seule. C'est quand Marc a terminé ses études et qu'il a pris son appartement. La maison était si vide... Serge, qui venait d'avoir une promotion, était absent plusieurs jours par semaine... Mes amies avaient leur vie… Je passais mon temps à attendre. Attendre que Marc vienne me faire un petit coucou, que Serge rentre. Cette solitude me pesait tellement que j'avais des idées noires. Si Marc ne m'avait pas appelée, je me disais : « Pourvu qu'il ne soit pas arrivé quelque chose. ». Et Serge : « Il fait quoi du lundi au jeudi ? Il faisait la tête ce week-end, qu'est-ce qu'il a ? » C'est un peu stupide ce que je vais dire, mais j'ai eu l'impression d'être abandonnée. Ils n'y étaient pour rien, les pauvres. L'un faisait sa vie et l'autre travaillait comme un damné. Comme j'en avais conscience, j'ai développé mon activité et à mon tour j'ai été débordée. À tel point que je n'étais plus disponible ni pour l'un ni pour l'autre. On a commencé à vivre l'un à côté de l'autre, Serge et moi. Quand il rentrait, il était soucieux et moi, plongée dans mes dessins, je n'ai rien remarqué. Enfin, rien remarqué jusqu'à Saint-Jean-de-Luz… C'était trop tard.

— *Tu te sens coupable ?*

— Disons que je l'ai bien mérité.

— *C'est curieux, parfois tu te sens victime et parfois bourreau.*

— Cela dépend des jours... C'est pas clair, hein, ma Madeleine ?

— *La victimisation et la culpabilité font mauvais ménage. Cela fait un cocktail amer.*

— Cela ronge…

— *Tout à fait... »*

Jocelyne reste silencieuse quelques minutes puis reprend :

« Tu sais, parfois, j'ai l'impression de ne pas me connaître. »

\*

La chambre est dans la pénombre. Jocelyne fixe le tableau de Valérie. Elle est loin du sourire décrit par Marc ; elle ne voit que le givre sur cette corde à linge et ses deux limites fixées par des épingles. Il fait froid dans la chambre, très froid. Elle grelotte et tire la couverture dont elle se recouvre la tête. La chaleur de son souffle la réchauffe ; elle s'endort pesamment.

Sur l'ordre du docteur Audrieu, personne n'est venu la réveiller pour le dîner.

Il est deux heures du matin et un silence mortifère rode dans le centre, un silence oppressant, suffocant. Jocelyne a les yeux grands ouverts et respire bruyamment, les battements de son cœur s'accélèrent, sa peau devient moite. Elle rejette brusquement sa couverture et tente de se redresser. Elle s'entend dire malgré elle :

« Non ! Non ! »

Presque instantanément, la porte de sa chambre s'ouvre et l'infirmière de garde s'approche d'elle.

« Vous avez un problème ?

— J'ai très chaud, je n'arrive plus à respirer, dit Jocelyne.

— Ne bougez pas, je reviens tout de suite, je vais appeler le médecin de garde.

— Restez là, je vous en prie. Ne bougez pas, ça va passer.

— Je vous apporte un verre d'eau, alors, propose l'infirmière.

— Oui, merci, je veux bien. »

Jocelyne boit lentement et se calme peu à peu.

« Excusez-moi, ça va mieux, j'ai dû faire un cauchemar. Je me suis réveillée brusquement et ce silence m'a angoissée ; je ne sais pas ce qui m'a pris. Je suis vraiment désolée.

— Ne soyez pas désolée, si cela va mieux, c'est le principal. N'hésitez pas à m'appeler si vous avez le moindre problème.

— Merci beaucoup, c'est très gentil. »

L'infirmière a laissé la lumière dans le cabinet de toilette ; cette lumière tamisée est rassurante. Elle commence à s'endormir lorsqu'elle entend du bruit dans le couloir ; elle regarde l'infirmière qui est revenue accompagnée du médecin de garde. Ce dernier s'adresse à elle, sans même lui dire bonjour.

« Que s'est-il passé, Madame ?

— Une angoisse, sans doute, mais cela va beaucoup mieux. Merci de vous être dérangé mais je crois que cela va aller maintenant.

— Très bien, répond laconiquement le médecin. Au revoir Madame. »

Les voix du docteur et de l'infirmière s'éloignent dans le couloir. Jocelyne entend distinctement celle du médecin.

« C'est pour cela que vous m'avez dérangé. Vous ne pensez pas que j'ai autre chose à faire que tenir la main des patients lorsqu'ils ont leurs petites angoisses ?

— Je vous assure, chuchote l'infirmière qui tente vainement de le convaincre, elle n'était vraiment pas bien... »

Jocelyne n'entend pas la réponse du médecin et tant mieux.

\*

Lorsque, le lendemain au téléphone, Jocelyne raconte ce qui s'est passé, durant la nuit, à Sylvie, cette dernière ne mâche pas ses mots.

« Mais quel abruti ce type ! Les petites angoisses des patients, répète-t-elle d'une voix dédaigneuse.

— Je dois dire que depuis que je suis malade, c'est la première fois que j'en vois un comme ça. Il...

Sylvie l'interrompt.

« Encore un qui s'est trompé d'orientation s'énerve-t-elle.

— On peut, tout de même, lui laisser le bénéfice du doute, il était peut-être seulement fatigué.

— Fatigué ou non, ces attitudes sont inadmissibles de la part d'un médecin. Quelle suffisance !

— Allez, laisse tomber. Cela ne va pas changer grand-chose.

— Comment peut-on exercer ce métier sans qualités humaines ? Bon, d'accord, je me calme. Si tu te sens mieux maintenant, c'est l'essentiel. Changeons de sujet : Alors, cela ne te dit rien l'Irlande ? m'a dit Marie.

— Disons que j'ai un problème avec les projets en ce moment. C'est plutôt du très court terme, voire de l'immédiat. Tu vois, mon dernier projet c'était de ne plus avoir de nausées.

— Et ?

— Cela va nettement mieux.

— Le projet qui suit, c'est quoi ? demande Sylvie.

— De me détendre. Je peux te dire que si mon corps est apathique en ce moment, mon cerveau, quant à lui, est en pleine effervescence.

— C'est plutôt bien, non ?

— Si c'était positif, oui. Là, une idée noire en chasse une autre qui laisse la place à une angoisse et ainsi de suite. Je crois que j'ai pris pleinement conscience que j'étais mortelle et ce n'est pas du tout facile. Tu t'es déjà dit que tu pouvais mourir demain ?

— Cela ne fait pas partie de mes projets immédiats, non, en effet.

— C'est ça, oui. On ne projette pas de mourir, on meurt. »

Sylvie ne sait que répondre et s'abstient de tout commentaire.

« Allo ? Sylvie ?

— Oui, oui, je suis là. Je me sens toute bête, c'est vrai qu'avec nos projets de voyage, tu dois te demander si l'on est sur la même planète.

— Ne t'inquiète pas, je comprends bien. Je suis sûre que je ferai la même chose à votre place, la rassure Jocelyne. Et toi ? Comment ça va ? Pas trop dur avec Michel ?

— Bof, pas terrible, il est venu chercher quelques vêtements, sa robe de chambre et ses chaussons. Il a quand même réussi à me faire rire ; il avait son sac de sport avec lui et il a essayé de glisser discrètement ses pantoufles dedans. Tu aurais vu sa tête quand, en partant, il a pris son sac et qu'il a vu qu'un des chaussons était accroché au manche de sa raquette de tennis, même lui, ça l'a fait rigoler.

— Tu le vis comment ?

— Mieux, on va dire, depuis cette fois dernière. Il a emmené ce que je détestais le plus chez lui.

— Les gamins sont au courant maintenant ?

— Oui, pas le choix. Le coup des séminaires et des déplacements a des limites.

— Ils le prennent comment ?

— Ils n'arrivent pas à y croire. Ils disent « Ce n'est pas possible, ce n'est pas Papa ». Ils sont comme moi, ils ont beaucoup de mal à l'imaginer en string léopard en train de courir après une gazelle, les charentaises aux pieds.

— Aïe, tu ne lui fais pas de cadeaux…

— C'est vrai, je suis encore un petit peu a-ga-cée, dit Sylvie en décomposant le dernier mot.

— C'est un euphémisme.

— Ce n'est pas à toi que je vais raconter des bobards. Pour les autres, je fais semblant.

— Oui, j'ai déjà donné. Est-ce que tu as l'impression d'être toujours amoureuse ?

— Je me suis posé la question. « Est-ce que je suis vexée ou bien encore amoureuse ? ». Vexée c'est certain mais amoureuse je n'en sais rien. Cela veut dire quoi après vingt-cinq ans de mariage ? De plus, on a des boulots tellement prenants que je n'ai rien vu venir.

— Donc, tu ne sais pas si tu es encore amoureuse.

— De toute façon, il faut être deux pour se poser la question, pour savoir si l'on a envie de continuer ensemble. Comme je suis toute seule à me la poser, la réponse se présente d'elle-même. Allez, laisse tomber, je vais m'en remettre, je ne vais quand même pas l'attacher à une chaise en attendant qu'il change d'avis.

— J'aurais bien voulu voir la tête de sa copine lorsqu'il a sorti de son sac ses chaussons et sa robe de chambre. C'est là que, le soir même, elle sort ses bigoudis !

— J'aimerais partager ton optimisme, soupire Sylvie, mais ce n'est pas trop le genre. C'est plutôt petit cul, gros seins et cheveux courts.

— Bon, alors là, il ne reste qu'à attendre.

— Ne t'inquiète pas, ça va passer. Ce n'est pas une situation dramatique, c'est même assez courant. Tu as déjà assez de tes soucis, ne t'embête avec les miens.

— Mais non, que vas-tu penser ? Dès que je sors, on se fait un resto à « qui pleure paye » et je ne sais pas qui va gagner ! »

*

109

Le soleil pénètre dans la chambre, la lumière devient plus vive. Éclaircie ou ciel bleu ? Jocelyne s'approche de la fenêtre et scrute le ciel. Une barre sombre marque l'horizon. Elle arrive ou elle repart ? Pas très important pour l'instant « Profitons-en ». Jocelyne se couvre d'une veste en laine et va sur le balcon. Elle observe le jardinier qui s'affaire à planter des fleurs sur les parterres de l'entrée ; M'azelle Jeanne et Gaston admirent le travail de l'artiste. Jocelyne n'entend pas ce que dit Gaston mais elle le voit faire de grands gestes. Jocelyne fronce le nez, malgré elle, et se demande quelle gaffe il pourrait bien faire ; elle est presque déçue. Il ne se passe rien. Gaston et Jeanne s'éloignent de l'artiste et se dirigent vers la sortie. La conversation doit être passionnante car Gaston ne cesse de gesticuler. Il ne marche pas ce jeune homme, il danse.

Un bruit familier dans le couloir lui indique qu'il est l'heure d'aller déjeuner « Il doit être onze heures quarante-cinq », elle regarde sa montre « Perdu, onze heures cinquante ; ils sont en retard aujourd'hui. » En quelques jours, elle a pris le rythme du centre : petit déjeuner huit heures, déjeuner douze heures, visite du médecin dix-sept heures, repas du soir dix-neuf heures. Aujourd'hui, samedi, c'est le début du week-end et elle sent, depuis la veille, une certaine effervescence : réservation pour les invités, coiffeur pour certains et valisette pour d'autres qui auront la chance de s'évader deux jours. Comme tous, Jocelyne a fait sa coquette aujourd'hui, Marc et Élodie viennent la voir. Elle qui appréhendait cette visite est maintenant contente, d'autant plus que ses nausées sont devenues tolérables, il lui arrive même de les oublier quelques heures.

La cohue du déjeuner passée, Jocelyne descend à son tour. Elle croise madame Dupouvier, valisette à la main, et son visage rayonnant en dit long sur les promesses de bonheur de ce week-end.

Lorsqu'elle s'installe face à Hélène, les yeux bouffis de celle-ci sont plutôt l'expression d'une énorme tristesse. Hélène lui chuchote un « Bonjour » presque inaudible. Elle n'échange aucun mot durant les dix premières minutes ;

Hélène est perdue, noyée dans ses pensées. Elle lève les yeux vers Jocelyne et dit :

« Ça y est, c'est fini, terminé…

— Qu'est-ce qui est terminé ?

— Kaliov…

— Kaliov ? répète Jocelyne, je ne comprends pas.

— Mon patron, Kaliov, m'a téléphoné ce matin. Il m'a dit… »

Hélène s'arrête de parler, visiblement au bord des larmes.

« Excusez-moi, dit-elle en se levant, je retourne dans ma chambre. »

Jocelyne n'a pas besoin d'un long discours pour comprendre qu'Hélène n'est plus première danseuse. Elle le savait déjà, intuitivement, car elle le lui avait dit mais l'entendre ne laisse plus de place au doute. Des années de travail anéanties en quelques mois.

Elle perd ce qui était son axe de vie, ce pour quoi elle vivait depuis si longtemps. Jocelyne se sent ridicule avec ses états d'âme.

Elle mange mécaniquement. Le rire de ses voisins vient la sortir de ses pensées. Elle regarde sa montre et constate qu'il est déjà treize heures ce qui lui donne juste le temps de faire une sieste avant l'arrivée de Marc et Élodie.

Ils arrivent à quinze heures les bras chargés, d'une mini-chaîne, de CDs et du fabuleux dictionnaire. Elle peut réinstaller, dans cette petite chambre, son univers intime : musique, lecture, dessin.

Les attentions et la tendresse dont font preuve Marc et Élodie offrent à Jocelyne une douce parenthèse dans la parenthèse.

*

Jocelyne a perdu le peu de cheveux qui lui restaient ainsi que ses cils et ses sourcils. Tous les matins, elle apprivoise cette nouvelle femme dans le miroir et la coiffe de foulards colorés.

Elle ne voit Hélène qu'au moment du repas et ce, très peu

111

de temps. Hélène s'alimente, au sens strict du terme, et repart dans sa chambre. Elle lève de temps à autre ses yeux vides vers Jocelyne et secoue légèrement la tête pour lui signifier qu'elle n'arrive pas à parler.

Madame Dupouvier, quant à elle, a quitté le centre. Ce que Jocelyne croyait être une évasion d'un week-end était en fait LE départ.

Hélène sort de son mutisme le jeudi suivant, lorsque Jocelyne la rencontre à la bibliothèque. Hélène est visiblement absorbée par sa lecture lorsque Jocelyne entre.

« C'est bien la technique du dictionnaire, dit Hélène, cela permet de penser à autre chose. Il faut de toute façon, que je sorte de cette folie. C'est ma fille qui m'en a fait prendre conscience hier. Elle m'a demandé si ma maladie m'avait rendue muette comme la petite sirène de son livre d'histoires.

— Vous cherchez quel mot ?

— Espoir... Je peux vous lire la définition si vous voulez.

— Avec plaisir. On n'est jamais trop de deux pour une dico-thérapie.

— Espoir : n. m. État d'attente confiante. Synonyme : Espérance

— Espérance ?

— Je cherche... Espérance : attente confiante de la réalisation de quelque chose. Hum, ajoute Hélène, je me doutais bien que cela ne voulait rien dire. On me l'a tellement seriné depuis que je suis malade que je me suis dit qu'en fait je ne devais pas comprendre ce que voulait dire ce mot. J'ai maintenant la bonne définition : c'est du rêve.

— Je partage votre avis, je dirais même que je vois cela comme un obstacle au changement ; on donne l'impression aux gens que la solution vient de l'extérieur, qu'un miracle va se produire. C'est en dehors de nous...

— Je vais faire comme ma mère, de la piro-thérapie. Imaginer le pire et être contente de ce que l'on a, soupire Hélène.

— Eh bien, pour rester sur cette note optimiste, je vous propose d'aller boire un verre à la cafétéria. Cela vous tente ? J'ai bien l'espoir d'y aller tout de suite.

— Cela ne s'appelle pas de l'espoir mais une action.

— Si vous voulez. Alors, disons que, dans cet exemple, l'espoir ce sont les moyens que l'on se donne pour aller boire notre verre. »

La serveuse termine d'installer la terrasse au grand plaisir d'Hélène et de Jocelyne.

« Enfin le soleil, soupire d'aise Jocelyne. C'est bon cette chaleur, ajoute-t-elle en fermant les yeux. »

La serveuse s'approche d'elles et leur présente la carte.

« Merci. Vous avez du coca ? demande Hélène

— Je suis désolée, répond la serveuse, mais il y a eu un retard de livraison et nous n'en avons plus. »

Hélène et Jocelyne éclatent de rire en même temps, sous le regard étonné de la serveuse.

« Il va falloir réajuster notre définition de l'espoir, reprend Hélène, que ce soit un rêve ou une action, le résultat n'est pas toujours celui escompté !

— Excusez-nous, dit Jocelyne, tout en continuant de rire, nous allons réfléchir. »

Les sourcils levés, la serveuse les regarde, pose les cartes et retourne derrière son comptoir.

« Elle doit nous prendre pour des folles, dit Jocelyne en regardant la serveuse s'éloigner. Conclusion, on peut tout avoir, ou presque, sauf…

— Hé oui. Tout sauf du coca…

— Deux solutions continue Jocelyne : Première solution : on part, en abandonnant le soleil et sa chaleur prometteuse, le gazouillis des oiseaux, ce paysage très agréable. Deuxième solution : on reste et on s'adapte. »

Quelques minutes plus tard, la serveuse revient avec son carnet de commande.

« Vous avez choisi ?

— Pas vraiment, non. On a du mal à boire autre chose que du coca en ce moment.

— Je suis vraiment désolée, s'excuse la serveuse. Je comprends bien, ajoute-t-elle en détournant son regard de leur foulard. Si vous voulez, je peux vous préparer un thé glacé. Le thé aux bleuets est excellent ; la préparation est un peu plus longue mais je n'ai que des bons retours.

— Alors, va pour le thé aux bleuets. Qu'en pensez-vous Hélène ?

— D'accord… Un peu d'aventure, que diable ! »

Elles passent tout l'après-midi sur la terrasse et se surprennent à discuter d'autre chose que de maladie.

« Zut… dit Jocelyne, en frottant son crâne par-dessus son foulard, mon dernier cheveux fait de la résistance. C'est dommage, j'en avais presque oublié où j'étais.

— Moi aussi. En effet, parler aussi longtemps sans évoquer la maladie, pour ma part, cela relève de l'exploit. Je l'ai oubliée durant… Elle regarda sa montre. Hé bien, durant deux heures trente. Le thé aux bleuets doit avoir des vertus cachées. Je te… Heu, pardon, je vous…

— Je te ? propose Jocelyne.

— Je te… répète Hélène.

— C'était vraiment une après-midi agréable ; j'ai eu l'impression d'être redevenue moi-même.

— Allez, encore une semaine et l'on va se croire au Club'Med ! plaisante Jocelyne.

— Tu arrives toujours à rire de tout ?

— J'ai du mal ces derniers temps, mais sinon, d'une manière générale, j'essaie de rire de tout. Je préfère l'humour à la piro-thérapie.

— Je commence à avoir froid, dit Hélène en frissonnant, je vais rentrer.

— Moi aussi, je vais rentrer dans mon bungalow. »

Hélène sourit à l'allusion au Club'Med.

*

Il est cinq heures lorsque Jocelyne rentre se reposer dans sa chambre. Elle s'endort en souriant, ce qui ne lui est pas arrivé depuis bien longtemps.

Des bruits familiers dans le couloir la réveillent. Elle

soulève péniblement les paupières et regarde l'heure « Déjà dix-neuf heures. »

Hélène est installée à la table lorsque Jocelyne arrive dans la salle du restaurant.

« Tu as la tête de quelqu'un qui a dormi, dit Hélène.

— En effet, j'ai eu une profonde réflexion. Et toi ?

— Non, je n'ai pas dormi. Je pense beaucoup à ma fille ; elle me préoccupe. Il faut dire qu'avant je n'étais pas souvent là et maintenant je suis malade. C'est difficile à vivre pour elle. Je ne suis pas une bonne mère, conclut Hélène.

— Les bonnes mères sont dans les dessins animés et les mères tout court sont dans la vraie vie. Ne va pas culpabiliser.

— Ce n'est pas facile. J'entends toujours ma mère me dire « Ma Chérie, ta vie de patachon n'est pas compatible avec ton rôle de mère. Tu dois changer de métier, tu n'es pas raisonnable ! ».

Hélène termine sa phrase par une grimace de mégère. Jocelyne ne fait aucune remarque et la laisse parler. À l'évocation de sa mère, Hélène gratte nerveusement sa serviette et son visage se durcit. Elle se justifie :

« Je ne voulais pas d'enfant. Je savais que c'était incompatible avec ma carrière. Inès n'était pas prévue, c'était un accident. »

Au faîte de sa culpabilité, elle ajoute.

« Cela ne veut pas dire que je n'aime pas Inès, ce n'est pas ça. Justement, c'est parce que je l'aime que je culpabilise. »

Jocelyne ne parlant toujours pas, Hélène la provoque.

« Tu ne dis rien, je te choque, hein ?

— Non, pas du tout. C'est une tâche difficile d'être mère. »

Hélène ferme les yeux et inspire profondément. Le silence de Jocelyne l'amène à continuer son monologue.

« J'ai travaillé dur, tu sais, pour être première danseuse. C'est un niveau d'exigence que tu ne peux pas imaginer. Que de travail pour en arriver là, et pour un tel résultat, c'est déprimant.

— C'est un beau résultat, première danseuse, dit doucement Jocelyne. »

Hélène se ferme et sa colère monte.

« Tu ne peux pas comprendre ; c'est toute ma vie qui s'écroule. Tant d'efforts pour en arriver là, pour me retrouver ici, amputée. Ne plus rien maîtriser, être dans un état de... »

Jocelyne complète la phrase :

« En ce qui me concerne, je dis un état de légume. »

— Oui, de légume, répète sèchement Hélène. Je ne veux pas. Ce n'est pas juste ! C'est clair ? »

Le ton agressif d'Hélène surprend Jocelyne qui, par réflexe, baisse les yeux. Hélène se rend compte du malaise qui s'installe et décide de quitter la table.

« Je vais aller me calmer dans ma chambre. »

*

Ce soir-là, Jocelyne a du mal à trouver le sommeil. Elle entend, en bruit de fond, la voix d'Hélène : « Je ne veux pas. C'est clair ? Ce n'est pas juste ! ».

« Moi non plus, je ne veux pas et pourtant... ».

Avant d'éteindre la lumière, elle prend son dictionnaire.

« Résigner (se) : Renoncer volontairement à - Se soumettre sans protestation - Accepter. »

Pensive, elle referme le dictionnaire. Le mot « accepter » résonne. Elle l'ouvre de nouveau.

« Accepter : Consentir à prendre quelque chose, à recevoir ce qui est offert... »

« Hum...»

*

Le lendemain, Jocelyne subit son traitement de chimiothérapie.

Les jours qui suivent sont pénibles ; Jocelyne se traîne, fait acte de présence au restaurant puis remonte dans sa chambre. Hélène, qui a déjà connu cet état lors de ses chimios, comprend parfaitement le silence de Jocelyne et se contente de lui envoyer des sourires d'encouragement.

*

Ce matin là est particulièrement difficile.

« Je suis fatiguée, dit Jocelyne en se rallongeant sur le lit. Si fatiguée… Tant pis pour le petit déjeuner. »

Les yeux mi-clos, elle regarde la photo de Valérie. La résignation dont elle fait preuve depuis plusieurs jours l'entraîne dans de mortifères pensées.

« Bonjour, Madame Loudet. »

Le médecin élève un peu le ton de sa voix.

« Bonjour, Madame Loudet. On m'a prévenu de votre absence au petit déjeuner et je viens voir comment vous allez.

— Excusez-moi, je ne vous avais pas entendu arriver. Ça va à peu près, je vous remercie.

— À vous voir et à vous entendre, je n'en suis pas convaincu. Vous ne vous sentez pas bien pour rester ainsi au lit ?

— Je suis très fatiguée, je n'ai pas envie de me lever.

— Je vais contrôler votre tension. Donnez-moi votre bras, s'il vous plaît. »

Jocelyne se laisse faire.

« Bon, vous n'êtes pas prête pour le marathon de Paris mais cela reste correct, compte tenu des circonstances. Avez-vous mal quelque part ?

— Non.

— Les derniers résultats de vos analyses sont corrects. Je ne vois pas ce qui justifie votre état. Vous avez été contrariée ?

— Non, pas vraiment. J'attends… Je suis fatiguée.

— Attendre, Madame Loudet, cela signifie quoi pour vous ? »

Jocelyne ne répond pas.

« S'il vous plaît, Madame Loudet, regardez-moi et dites-moi ce que vous attendez.

— Je ne sais pas, je ne maîtrise rien de toute façon. Alors, j'attends. »

Perplexe, le médecin met les mains dans ses poches et se recule de quelques pas. D'une voix plus douce, il réitère sa demande.

« S'il vous plaît, Madame Loudet, regardez-moi. »

Jocelyne tourne la tête et lève les yeux vers lui.

« Vous entrez dans une mauvaise dynamique. En restant allongée toute la journée, vous affaiblissez votre corps et ce n'est pas ce dont il a besoin pour guérir. Je précise : pour guérir vite.

— Guérir vite, vous oubliez que je n'ai pas terminé les séances de chimiothérapie.

— Oui, vous aurez des moments où vous serez en effet très fatiguée, et c'est normal mais vous aurez aussi des moments où vous pouvez avoir une activité à peu près normale. Profitez de ces périodes-là pour faire ce que vous aimez. »

Jocelyne dirige son regard vers la table où sont rangés ses cansons, crayons et feutres. Elle lève les épaules et dit.

« Faut-il encore en avoir envie.

— Il n'y a que vous qui puissiez faire quelque chose à ce niveau-là. »


Perturbée après le passage du médecin, Jocelyne observe, par le détail, chacun des objets posés sur la table. Elle les manipule pour essayer de retrouver la magie qui s'en dégageait avant.

« Ce ne sont que des choses. Je suis tellement loin de tout cela maintenant. »

Cette simple pensée lui fait prendre conscience de cette langueur qui s'est emparée d'elle. Elle se souvient du plaisir qu'elle avait à chaque fois qu'elle allait chercher du matériel. Le moindre petit crayon était non pas choisi, mais élu parmi des dizaines d'autres ; aujourd'hui, elle les appelle « choses ».

« Pauvre petit crayon, je ne t'aime plus, lui dit-elle. Je t'ai ramené à un état de chose. »

Prise d'un vertige, elle retourne s'allonger sur son lit. Elle a une angoisse telle qu'elle bloque sa respiration.

« Peut-être suis-je en train de mourir ? »

Ce mot la fait sursauter : « mourir ». Elle ouvre les yeux de manière démesurée, jette un regard hagard autour d'elle et elle se relève d'un bond.

« Non, se répète-t-elle, je ne veux pas mourir. Non, je ne veux pas mourir. »

En titubant, elle se dirige vers le balcon, ouvre la porte-fenêtre et prend appui sur la balustrade. Le soleil printanier la caresse et elle frissonne. Ses yeux s'emplissent de larmes et elle répète cette fois-ci.

« Oui, je veux vivre… je veux vivre, j'ai encore tellement de choses à faire. »

Elle revient calmement dans la chambre, s'installe derrière sa table et entreprend d'établir une liste. Elle écrit avec frénésie durant près d'une heure « Faire ceci. Dire cela. Oser faire… » Elle noircit quatre feuilles de papier qu'elle étale sur la table « Il faut au moins que je sois centenaire pour faire tout ça. »

Son engouement retombe rapidement. Elle repose son stylo et se penche en arrière.

« Encore faut-il en avoir envie. »

Elle relit une nouvelle fois sa liste.

« Faire une BD, apprendre à jouer de la guitare, voyager (Italie, Irlande, Népal)… »

Déçue, elle la repousse à l'autre bout de la table et prend sa tête entre les mains.

« Qu'est-ce qui fait que l'on ait le goût d'apprendre, la curiosité, l'enthousiasme ? J'aimerais redevenir une enfant. »

Toute à ses pensées, elle ne fait pas attention à l'heure et descend à la salle à manger. Devant le restaurant encore vide, elle regarde sa montre et constate qu'il n'est que onze heures quinze et décide d'aller se promener.

« Comment je regardais la nature quand j'étais petite ? ».

Elle est contrariée de ne pouvoir en retirer ses sensations d'enfant ; son regard est avide mais n'accroche rien « C'est un arbre, c'est une fleur, c'est un bout de bois… ». Elle s'installe sur un banc, face à un parterre de fleurs, et fait un énorme effort de rétrospection pour se souvenir d'une situation, d'une balade, d'un séjour en colonie, de quelque chose qui lui permettrait de retrouver ce regard-là…

« Jocelyne ! Dépêche-toi, on se met à table ! Tu termineras

de biner après manger ! La voix de Maman se faufile entre les arbres, saute le muret qui protège mon jardin et dérange mes jolies fleurs. Je ne bine pas, je regarde pousser mes fleurs. Maman m'aide de temps en temps mais je suis la seule à les surveiller et puis je leur parle aussi. Je leur ai parlé du soleil qui est très chaud et qui donne des coups de soleil, alors, je leur dis qu'elles aussi devront faire attention lorsqu'elles sortiront. J'entends Maman qui me rappelle ; il faut que je me dépêche, je vais me faire disputer. »

Les fleurs bleues du parterre ressemblent à celles de son jardin, peut-être un peu plus petites. « Il faut que je demande au jardinier s'il a fait un semi avant ou bien s'il les a achetées déjà « toutes faites ». Cela m'étonnerait qu'il ait fait un semi ; quand on est grand, on n'a pas le temps de regarder les graines pousser. »

« Jocelyne ! Jocelyne ! »

Ce n'est pas la voix de sa mère mais celle d'Hélène qui se rapproche.

« Qu'est-ce que tu fais ? Cela fait au moins dix minutes que je te fais de grands signes de la salle du restaurant mais tu ne vois rien. Il est douze heures vingt, tu sais…

— Ce que je fais ? Je regarde pousser les fleurs. Tu as déjà regardé pousser des fleurs ?

— Pas que je me souvienne, je n'ai jamais eu le temps pour cela.

— Tu devrais essayer, c'est très agréable. »

Jocelyne se lève, fait un petit signe aux fleurs, et leur dit :

« Salut les fleurs. À plus tard.

— Tu les regardes pousser et en plus tu leur parles. Dis-moi, tu n'en aurais pas fumé un peu de ces fleurs, plaisante Hélène.

— Hou là là, il y a longtemps déjà mais, quand je les fumais, cela faisait belle lurette que je ne les regardais plus pousser. »

Dès qu'elle est à table, Jocelyne se lance dans un discours qui ne se termine qu'au dessert.

« C'est ça tu sais, retrouver un regard neuf à chaque fois

que tu fais quelque chose, que tu regardes quelque chose. Tiens, j'ai une image dans la tête : c'est comme une personne qui peine à avancer avec son sac à dos qui se remplit au fur et à mesure de sa vie. Depuis son plus jeune âge, elle y entasse les projections des parents, leurs traumatismes, les siens, les difficultés de la vie… Ça sert à quoi de garder tout cela ? Comment veux-tu avoir un regard neuf avec tout ça ? Il faut s'en débarrasser !

— Tu en fais quoi de ton sac à dos ? demande Hélène. Tu le jettes dans un coin et tu pars en courant ?

— Non, tu l'allèges. Tu commences par retirer les emballages cadeaux : la culpabilité, la colère, la peur…

— Tu ouvres la boîte de Pandore en quelque sorte.

— Disons que l'idée est là mais je n'aime pas trop cette histoire, c'est encore une femme qui est à l'origine de tous les maux des hommes. Ce ne sont pas des sacs à dos que portent les femmes, mais des menhirs ! »

Hélène éclate de rire.

« Je me disais bien aussi qu'Obélix n'était pas clair avec ses nattes et ses petits nœuds dans les cheveux ! »

Elles sortent du restaurant en pouffant de rire comme des gamines.

« On se fait une balade dans le parc ou bien es-tu trop fatiguée ? demande Hélène.

— On va profiter du beau temps ; va pour une petite balade. »

Elles marchent en silence quelques minutes puis s'assoient sur un banc. Hélène s'appuie contre le dossier et ferme les yeux, la tête en arrière.

« Hum, que c'est bon cette chaleur. Quand tu fermes les yeux, tu as toutes les odeurs qui arrivent. »

Jocelyne imite Hélène.

« Tu as raison… Là, je sens l'arbre et je le vois les yeux fermés. Heu… Pour en revenir au regard d'enfant…

— C'est incroyable, dit Hélène en se redressant, ton cerveau ne s'arrête donc jamais ?

— Désolée, je t'embête…

— Pas du tout, je me demande comment tu fais. Tu

décortiques, tu analyses, tu remets tout en question. Ce doit être épuisant, non ?

— C'est ma manière de fonctionner. C'est une tendance que j'avais déjà, mais disons de manière ponctuelle. Aujourd'hui, je me sens en situation d'urgence. Je prends conscience de plein de choses et je ne sais pas comment les gérer.

— Bah, ta méthode est peut-être plus efficace que la mienne, moi, je boucle. Je serai infichue d'écrire une quelconque liste de ce que j'ai envie de faire. Je veux danser, c'est tout.

— Tu pourras toujours danser non ? Ce n'est pas plutôt le fait de ne plus être première danseuse qui te dérange ?

— C'est sûr que je pourrai toujours danser mais être première danseuse était un aboutissement. Je me suis tellement battue pour le devenir. Oui, battue contre mes parents qui, lorsqu'ils ont vu que la danse prenait le pas sur mes études, ont tout fait pour m'en dissuader. Je me suis battue contre moi-même parce que cela a été très dur parfois. Battue contre tous ceux qui me disaient que je n'y arriverai pas. Première danseuse c'était l'aboutissement d'un combat, mon combat.

— Accepte... »

À court d'arguments, Jocelyne ajoute.

« Je t'ai dit comment je suis arrivée à la conclusion que je devais retrouver mon regard d'enfant ?

— Tu m'as dit que tu étais partie d'une liste.

— Pas tout de suite. Juste avant j'ai eu une énorme angoisse et je me suis dit que je ne voulais pas mourir car j'avais encore trop de choses à faire. Quel âge as-tu ?

— Trente et un ans, répond Hélène.

— Tu as trente et un ans et tu n'arrives pas à établir une liste de ce que tu as envie de faire ? Tu risques de t'ennuyer pas mal dans les années à venir. »

Les yeux larmoyants, Hélène dit :

« Encore faut-il avoir envie de vivre... »

La détresse d'Hélène les enveloppe toutes les deux. L'environnement qui paraissait si lumineux quelques minutes auparavant devient hostile, dérangeant et lourd.

Le regard d'Hélène traverse celui de Jocelyne et les fleurs qu'elle fixe se fanent seconde après seconde. Son regard d'enfant se fond dans la brume d'un présent et d'un avenir obscurs. Seul le ciel s'obstine à rester clair et Jocelyne se met à espérer qu'un nuage vienne les protéger de ce soleil qui les brûle.

Un « Bonjour Mesdames » les sort de leur torpeur moribonde. Le docteur Audrieu, guilleret, en chemisette bleu clair et cartable à la main, s'approche d'elles.

« Quel temps magnifique ! J'adore le printemps ! Vous avez vu ces fleurs ? Et ces odeurs ! ajoute-t-il en respirant bruyamment. »

Jocelyne se tourne vers lui et s'entend dire d'une voix blanche.

« Il fait un temps magnifique, en effet. »

Le décalage entre la phrase et le visage de Jocelyne est si flagrant que le docteur Audrieu se tait et les regarde.

« Une mauvaise nouvelle ? demande-t-il inquiet.

— Non, répond Jocelyne. Pas de nouvelle ; ni bonne, ni mauvaise. Rien.

— Ha, j'ai eu peur... Bon, je maintiens donc ce que j'ai dit : quel temps magnifique !

— Oui, répète Jocelyne tristement, quel temps magnifique.

— Hum... marmonne le docteur Audrieu.

— Bon, d'accord, dit Jocelyne. Je vais reformuler : à l'extérieur il fait un temps magnifique mais à l'intérieur c'est un peu couvert. Je vais essayer la méthode Coué « Il fait beau et je suis une femme heureuse, il fait beau... ».

— Quitte à appliquer la méthode Coué, Madame Loudet, utilisez la phrase qu'il préconisait de répéter chaque jour et plusieurs fois de suite : « Tous les jours et à tous points de vue, je vais de mieux en mieux ».

— Oui, dit Jocelyne en souriant tristement, on balaye plus large. »

Hélène, très discrète depuis l'arrivée du docteur Audrieu, intervient, presque agressive.

— Et c'est la méthode Coué qui, selon vous, modifie les

événements extérieurs ? »

Le docteur Audrieu garde son sourire et répond.

« Cela dépend de ce que vous voulez faire de votre vie. La méthode Coué fonctionne malheureusement aussi bien dans une démarche négative « Tous les jours et à tous points de vue, je vais de plus en plus mal ». Là, je n'ai pas besoin de vous convaincre, vous le croyez fermement et, quoi que vous fassiez, vous ne verrez que des épreuves et des malheurs. Aujourd'hui, il y a un évènement extérieur très agréable : Il fait un temps splendide. »

Ils restent tous les trois à s'observer sans dire un mot. Le docteur, les mains posées sur son cartable en équilibre sur le dossier du banc, penche la tête et conclut :

« Et bien voilà…

— Vous ne trouvez pas qu'il fait un temps magnifique, Docteur Audrieu, dit Jocelyne en penchant sa tête de l'autre côté.

— Magnifique, dit Hélène en écho, juste la petite chaleur qu'il faut pour… pour vous dire que vous êtes bien vivant.

— Bon après-midi, Mesdames, dit le docteur Audrieu en reprenant sa sacoche avec la prestance d'un jeune homme. »

Jocelyne et Hélène le regardent s'éloigner, ballottant son cartable comme un écolier. Hélène répète à voix basse :

« Tous les jours et à tous points de vue, je vais de mieux en mieux… Je pourrai le répéter des milliers de fois que je n'y croirais pas.

— C'est ce que l'on appelle la pensée positive… C'est peut-être cela l'enthousiasme.

— C'est héroïque de conserver une pensée positive dans certaines circonstances. »

*

Hélène et moi sommes restées un long moment sans parler. Rester positive quelles que soient les circonstances… Ce n'est pas évident, tu sais Madeleine…

— *On est le résultat de nos pensées, disait Bouddha.*

— C'est une jolie phrase, oui. Dans la théorie, je te suis mais dans la pratique comment fait-on pour renverser cette manière de pensée destructrice ? Ceci étant, depuis que je te connais, cela va mieux. J'ai l'impression de moins tourner en rond.

— *Je ne fais rien pourtant ; c'est toi qui réfléchis autrement, tu regardes et tu écoutes.*

— J'ai du mal à conserver une pensée positive. J'ai l'impulsion et puis, dans les secondes qui suivent, j'arrive à trouver l'argument qui casse tout.

— *Et tu retiens ?*

— Bien entendu, l'argument qui casse tout... Et je le développe !

— *Pourtant tu dis que tu as l'impression de moins tourner en rond.*

— Parfois, il m'arrive de m'arrêter avant. J'applique ta technique de la respiration.

— *Alors, quand ça marche, tu te sens comment ?*

— Cela me fait du bien d'endiguer cette marée noire. J'ai l'impression que mon cerveau s'arrête de fonctionner, de l'empêcher de partir dans tous les sens.

— *Alors, si tu apprécies, pourquoi n'appliques-tu pas cette technique plus souvent ?*

— Cela me servirait à quoi d'avoir un cerveau ? »

Madeleine éclate de rire.

« *Reprenons la remarque de ton psy : L'utilité n'est-elle pas relative à la fin qu'on se fixe ? Quelle est la finalité que tu fixes à ton cerveau ?*»

— Analyser, comparer, concevoir... Tu m'emmènes où Madeleine ?

— *Au-delà de tes frontières... Alors, analyser, c'est quoi ?*

— ... Quand j'analyse une situation, je l'éclate en quelque sorte en plusieurs parties pour en apprécier chacune d'elles.

— *Admettons que tu les aies appréciées, que tu prennes une décision en fonction de cette analyse et que le résultat n'est pas celui que tu souhaitais. Ton analyse était-elle bonne ?*

— Incomplète et subjective.

— *Alors, la finalité de ton cerveau, c'est quoi ?*

— L'analyse des éléments que je lui donne, c'est-à-dire ce que je vois. »

Jocelyne réfléchit et ajoute :

« Dans la limite de mes frontières... Comment dépasse-t-on nos frontières ?

— *C'est la vraie question et c'est ce que tu fais en ce moment même. Tu pars de l'intérieur pour aller vers l'extérieur. Si tu élargis ton regard à l'intérieur, tu l'élargiras à l'extérieur.* »

*

Les amies de Jocelyne ainsi que Marc, qui lui téléphonent au moins tous les deux jours, sentent, même au téléphone, un changement dans le ton de sa voix, dans ses propos et surtout une métamorphose dans sa manière d'envisager l'avenir.

« ... Vous venez le week-end prochain ? demande Jocelyne à Marie.

— Oui, si tu n'es pas trop fatiguée, bien sûr.

— Ça va beaucoup mieux. Cela me ferait plaisir de vous voir... quinze jours déjà. Vous êtes toujours partantes pour l'Irlande ?

— Ben oui, répond Marie, surprise. On pensait que tu n'en avais pas envie, alors on n'a pas insisté.

— Le coup de blues est passé. Tu as de la doc sur ce pays humidement superbe ?

— Trois guides, deux cartes et Internet.

— C'est quoi, la meilleure saison pour y aller ?

— Entre mai et septembre, après, c'est très très humide.

— Effectivement, dit Jocelyne, septembre, c'est un peu juste tout de même...

— Oui, tu as raison. Alors, tu choisis une autre destination pour plus tard.

— L'Italie.

— Dis donc, tu n'as pas hésité une seconde. Moi, je suis d'accord. Je vais en parler à Sylvie. Pourquoi l'Italie ? Tu as été tellement spontanée... Un vieux fantasme sur les Italiens ?

— Même pas. Cela fait des années que je dis que je le ferai alors, je le fais. Plutôt un vieux fantasme sur Rome et Florence. Un jour, un de mes clients qui en revenait m'en avait parlé avec tant de bonheur que je me suis dit, qu'un jour, j'irai voir. Voilà, ce jour, c'est bientôt... Enfin, si vous êtes d'accord, bien sûr.

— Parfait, les chapeaux prennent moins de place dans les valises que les bottes en caoutchouc. Je me charge des accessoires.

— Ma Marie, que j'aime beaucoup... Ne va pas te donner du travail supplémentaire, tu es déjà assez débordée... Surtout que je me souviens du dernier accessoire que tu nous as offert, les bonnets avec les oreilles... Sur les pistes on avait l'air franchement ridicule.

— Mais qu'est-ce qu'on s'est marré !

— Ça, c'est certain.

— Allez, ne sois pas inquiète, je donnerai dans le soft.

— Tu connais la définition du mot soft, toi ?

— J'ai déjà une petite idée, tu vas être épatée. »

Àprès avoir raccroché le téléphone, Jocelyne, ferme les yeux et, un sourire aux lèvres, les imagine toutes les trois sur la place Saint-Pierre coiffées d'un chapeau tyrolien. Même si les italiens ne sont pas sa motivation première, tout de même... Quoique l'image de Sylvie, en mocassins Hermès et chapeau Tyrolien, donne à réfléchir.

*

Le midi, Hélène et Jocelyne partagent leur table avec un nouvel arrivant : Monsieur Maurice Louplande, septuagénaire ronchon. Les présentations sont rapides et le ton est donné : « Respect les jeunes, je n'ai pas l'habitude de me faire em... » Oui, pardon, « embêté ».

Il a raison cet homme, la serveuse lui avait apporté une salade bien trop vinaigrée. Ne parlons pas du pain : « Tellement sec, que mes poules n'en voudraient même pas », un vrai scandale. Et cette chaleur ! 25° ! « Jamais connu ça en cette saison ! Ils ont tout détraqué ! ».

Curieusement, Hélène et Jocelyne se sentent concernées par ce « Ils » et, d'un air coupable, se concentrent sur leur assiette.

Courageux, monsieur Louplande, dévore sa salade trop vinaigrée, son steak trop gras et son dessert trop sucré.

« Deux mois à ce régime-là, c'est impossible ! maugrée-t-il entre les dents.

— Effectivement, confirme Hélène, cela va être long…

— Très long, surenchérit Jocelyne. Bon, on voit bien que vous êtes courageux, dit-elle avec sérieux, cela ne sera pas un problème pour vous.

— Bien sûr, dit-il en haussant les épaules. »

Contrairement à leur habitude, elles ne s'attardent pas à table et décident d'aller faire une petite balade digestive.

« Tatie Danielle en bretelles, murmure Hélène dès la sortie du restaurant. Je crois que j'ai moins peur de mourir que de vieillir comme ça ! »

Elles marchent un peu plus longtemps que la veille mais le soleil, beaucoup trop chaud pour la saison, monsieur Louplande avait donc raison, calme leur ardeur d'aventurières et elles s'installent sur un banc, à l'ombre d'un hêtre.

« Hum, que c'est bon, dit Hélène avec volupté en allongeant ses jambes. C'est fou ce qu'un déjeuner avec monsieur Louplande remet les idées en place ; c'est un excellent thérapeute.

— En effet. Mais n'abusons pas des bonnes choses, il y a des thérapies qui ont leurs limites.

— Je ne sais pas si cet homme a déjà expérimenté la pensée positive, dit Hélène, ou bien alors, il a fait comme moi en ce moment, il se heurte à un « Mais » majuscule qu'il n'arrive pas à dépasser. Un « M » énorme, fit-elle avec un grand geste des bras, avec ses deux crêtes, qui nous empêche d'avancer, mon menhir et moi.

— C'est quoi ce « Mais » qui te bloque ?

— C'est un « Mais à quoi bon » qui revient systématiquement. Une fatigue énorme. Je ne trouve aucune motivation qui me fasse avancer.

— Ta fille, ton mari, cela ne t'aide pas ? demande Jocelyne.

— Ils me font tenir, pas avancer. Je n'arrête pas de me répéter que je ne serai plus jamais première danseuse... Alors, selon les jours, je pleure ou bien je suis en colère car je trouve cela injuste. C'est obsessionnel, j'ai mal... J'en ai des nausées... Je suis loin de la pensée positive...

— L'effet Louplande ne dure pas longtemps, tu verrais ta tête.

— Ouille, tu as raison, je l'avais déjà oublié. »

Hélène se reprend, se redresse et s'apprête à se lever.

« C'est affreux ce que je dois te saouler. Dans quelques jours tu vas préférer la compagnie de monsieur Louplande.

— Reste assise et arrête de dire des bêtises. Moi aussi, j'ai le moral en montagne russe. Quand cela ne va pas je me dis « Tu vas y arriver, tu en as vu d'autres ».

Hélène soupire.

« Oui, je comprends ce que tu veux dire. Moi aussi, je me disais cela avant mais j'étais dans la construction, la réalisation de mon rêve.

— C'est peut-être ça l'espoir, savoir que l'on est capable de surmonter les difficultés, croire en notre capacité à les surmonter, à les dépasser.

— Á les dépasser répète Hélène. Oui, mais pour aller où ? Je boucle, je n'arrive pas à avancer. As-tu déjà été obsédée par une pensée ?

— Plus d'une fois, bien sûr. La dernière fois, c'était lorsque mon mari m'a quittée après vingt-trois ans de mariage. Cela m'a valu une année d'obsession, jour pour jour. Une potion saumâtre de colère, tristesse, regrets agrémentée d'un zeste de « Personne ne m'aime et je suis une pauvre victime ». J'ai eu du mal à le digérer ce coup-là.

— Pourquoi as-tu dit une année, jour pour jour ?

— Durant un an j'ai entretenu ma douleur. J'avais gardé, dans mon armoire, les vêtements qu'il n'avait pas emportés. J'avais laissé sa brosse à dents dans la salle de bain. Je retirais méticuleusement les poussières, toutes les semaines, de ses trophées de tennis. Je crois avoir écrit tous les scénarios possibles durant cette année-là. C'était vraiment obsessionnel.

— Vingt-trois ans de mariage, c'est normal, commente

Hélène avec douceur. »

Jocelyne a le regard lointain.

« Un an, jour pour jour, c'est vrai en plus. Nous fêtions, mon désespoir et moi-même, en tête à tête, ce triste anniversaire. Tu m'imagines, comme dans le film de Bridget Jones, affalée sur mon canapé, mon verre de rouge à la main. Et là, le grand déclic ! J'ai regardé les coupes sur la console et je me suis dit : « Mais qu'est-ce qu'elles sont moches ! ». Je me suis levée, je suis allée chercher des sacs-poubelle et je les ai jetées dedans. Je suis allée dans la chambre et j'y ai mis tous ses vêtements. J'ai terminé par la salle de bains et j'ai jeté tout ce qui me rappelait sa présence. J'ai tout mis dans les containers de l'immeuble, à deux heures du matin, et je suis remontée, soulagée.

— Cela a été terminé d'un seul coup ? demande Hélène.

— Progressivement, je dirais. J'ai mis fin à mon obsession en acceptant qu'il ne revienne pas ; je ne l'ai plus attendu. Quelques jours plus tard, j'ai fait les démarches pour récupérer mon nom de jeune fille « Loudet ».»

Hélène a, pour tout commentaire, un long soupir.

« On va se boire un thé ? propose Jocelyne.

— Non merci, mon désespoir et moi allons faire une sieste. »

*

« Tu te rends compte, Madeleine, ça a duré un an ! Quelle perte de temps quand j'y pense. J'avais gardé jusqu'à sa brosse à dents !

— *Tu t'accrochais à tes illusions.* »

Jocelyne fronce les sourcils.

« On a déjà eu cette conversation sur l'illusion, il me semble… Je ne me rappelle plus ce que j'en avais déduit… Ah oui ! On était parti d'un truc qui me manquait et on en était arrivé à « créer une illusion ». Hum… Ce n'est pas très clair dans mon esprit. Tu t'en souviens ?

— *Quelle importance, c'était il y a quelques jours.*

— Si je dois faire table rase de mes raisonnements

précédents à chaque fois que je réfléchis, je ne m'en sortirai jamais.

— *Au contraire, c'est par là même que tu élargis tes frontières, tu as un œil neuf.*

— Un œil neuf n'en reste pas moins subjectif.

— *Un œil neuf n'a pas de certitudes, il ne compare pas, ne juge pas, il intègre ce qui est, il enrichit le regard. Au fur et à mesure du temps, ce que tu regardes te semble plus clair.*

— De plus en plus large ?

— *Exactement.*

— Théorie, Madeleine, toujours de la théorie…

— *Tu as pourtant commencé à le faire dans la pratique.*

— Ah ?

— *Oui, tout simplement en calmant ton esprit. Tu le fais depuis quelques temps et tu dis que cela te fait du bien.*

— En travaillant sur ma respiration ?

— *Oui. En centrant ton attention sur ta respiration et les différentes parties de ton corps, tu te déconnectes de tes pensées. C'est l'imbroglio de pensées qui empêche d'avoir un regard neuf.*

— Un regard brouillé par les pensées crée des illusions ? En admettant que je continue de faire cet exercice tous les jours, cela ne me permettra pas pour autant d'être objective. Moins bornée, tout au plus.

— *C'est déjà pas mal ce « tout au plus ». C'est un peu comme si tu faisais un zoom arrière. Tu prends plus de recul… tu te détaches.*

— Et tu lâches, c'est ce que tu veux me dire… Ce fameux lâcher prise des temps modernes…

— *On ne peut tout de même pas dire que ce soit une révélation.*

— J'ai l'impression que le lâcher prise c'est un peu comme arrêter de penser. Quand tu lâches prise, tu laisses tout aller. C'est pas la vie, ça.

— *Ce n'est pas parce que tu vas te débattre comme une damnée dans certaines situations que tu trouveras la solution. Il y a une image très connue du lâcher prise : imagine-toi dans une embarcation sur une rivière de montagne. À certains moments, l'eau s'écoule tranquillement et à d'autres, l'eau est mouvementée, c'est parfois même impressionnant. Le plus simple, lorsqu'elle est très agitée, est de regarder loin devant toi, laisser faire et rester souple. Intuitivement, tu sais donner les coups de pagaie qui sont nécessaires pour maintenir ton bateau en équilibre.*

— J'adore ton « laisser faire », Madeleine. Tu veux dire quoi ? Ça y est, c'est bon, je laisse la maladie me ronger ? »

Jocelyne caresse machinalement les accoudoirs de son fauteuil et, la gorge serrée, ajoute :

« Je ne veux pas mourir, pas maintenant, c'est trop tôt.

— *Je ne te parle pas de mourir, ma Jo, chuchote tendrement Madeleine, je te parle de vivre autrement.*

— De vivre autrement ?

— *D'aborder les évènements autrement. Si tu laisses ton esprit se débattre dans un flot tumultueux, tu perdras ton équilibre. Laisse passer tes pensées noires, ne les alimente pas. Ce n'est pas parce que le ciel est sombre que le soleil a disparu. »*

*

Apprenant qu'Hélène est seule ce week-end, son mari et sa fille étant partis quelques jours chez ses parents, Jocelyne lui propose de se joindre à leur groupe dans le carré VIP des invités.

Installée près de Jocelyne, Hélène les observe. Marc ressemble beaucoup à sa mère, dans son humour et dans son sourire ; elle remarque une grande complicité entre eux. Élodie, la petite amie de Marc, plus réservée, ressemble, comme le lui avait dit Jocelyne, à une rescapée de la comtesse de Ségur et éclate de rire aux bêtises de Marie qui, elle, sort tout droit d'une bande dessinée. Sylvie, quant à elle, lui fait penser à une photo de la revue « Gala » hors contexte.

Un peu bruyante, l'équipe est rappelée à l'ordre par une serveuse qui leur demande de rire plus discrètement. Elle chuchote sa remarque à l'oreille de Jocelyne tout en lui montrant, d'un mouvement de tête, deux vieilles dames, aux regards courroucés, qui déjeunent un peu plus loin.

Marie plisse les yeux malicieusement. Elle se rapproche de la table, les regarde tour à tour et dit à voix basse.

« Lors d'une vérification de billets, dans un train, le contrôleur s'adresse à une vieille dame « Votre billet est pour Lourdes et vous êtes dans le train en direction de Rennes, Madame. ». La vieille dame se fâche et lui répond « Non, mais c'est pas possible ! Ça arrive souvent au conducteur de se tromper comme ça ? »

Élodie, la plus jeune, ne maîtrise pas très bien la technique du « rire sous cape ». Elle éclate de rire, met la main devant sa bouche, rougit et garde les yeux grands ouverts face aux Dames qui lui lancent des éclairs. Elle échappe à l'un d'eux de justesse, baisse la tête et termine sa retraite par un « Arrêtez de me faire rire. Je vous assure, elles ne sont pas du tout contentes ».

Tous les six, installés autour d'une table ronde sur la terrasse du salon de thé, dégustent un délicieux thé aux bleuets, recommandé par Jocelyne et Hélène. Les conversations sont plus sérieuses et l'on aborde le problème du fameux Ancier.

« C'est le conseiller en communication de quel homme politique ? demande Marie.

— Yves Hillion, c'est le député-maire de Villeneuve. Il se représente aux élections pour un deuxième mandat, répond Jocelyne.

— Je ne vois même pas sa tête, dit Sylvie. Il a la cote cet homme ?

— Je n'ai pas tout compris lors des réunions de travail pour préparer son blog mais il m'a semblé que son deuxième mandat n'était pas acquis. Il fait un peu de propagande à l'américaine : père de famille sérieux, bonne moralité sous tous rapports, gestionnaire et… »

Marie l'interrompt.

« Tu me la refais : bonne moralité sous tous rapports ?

— Oui, enfin, c'est l'image qu'il veut donner. Moi, j'ai travaillé sur l'image, pas sur l'homme. Je l'ai rencontré lors d'une réunion de travail, il m'a surtout donné l'impression d'un homme pressé. Il y avait trois, quatre personnes, autour de lui, qui lui posaient des questions et il avait des réponses très brèves : oui, non, plus tard, pas question... Le plus fort, c'est qu'il répondait en même temps qu'il signait des documents que son assistante lui présentait. L'homme important quoi.

— Quelle tristesse, dit Marie. On ne fait plus de la politique, on fait de l'image. Allez, je te parie qu'il n'a jamais rencontré plus de cent personnes de sa ville. Pas le temps, il est trop pressé cet homme !

— Alors là, je ne sais pas si c'est pour l'image ou bien si cela est vrai mais ses collaborateurs me disaient fièrement qu'il recevait ses concitoyens entre six heures trente et huit heures trente le matin.

— Hum... marmonne Marie, septique. Ça ne dort jamais les images ? »

Marc sort deux lettres de la poche de sa veste.

« Je ne sais pas si ça dort, mais ça mord, dit-il en tendant les courriers à sa mère : ce sont les échanges entre les avocats.

— Bouh, cela me casse les pieds, dit Jocelyne en reposant les lettres sur la table. Raconte-moi, ce sera plus simple.

— Ton avocat, maître Castet, a écrit à l'avocat de Hillion, maître Coudon, pour lui demander de retirer sa plainte. Il justifie sa demande par le fait que tu n'as pas pu réaliser le travail sur lequel tu t'étais engagée dans la mesure où ton état de santé ne le permettait pas. Maître Coudon a répondu que son client maintenait sa plainte car le contrat stipulait qu'il s'agissait d'un contrat avec obligation de résultat. »

Jocelyne repousse les lettres.

« Je n'ai vraiment pas d'énergie à mettre là-dedans.

— Tu laisses tomber ? demande Sylvie.

— Cela ne s'appelle pas laisser tomber, cela s'appelle faire un choix ; je verrai plus tard. Changeons de sujet, parlons de nos futures vacances en Italie... avant que je ne sois ruinée, ajoute-t-elle.

— Super ! J'ai plein d'idées, dit Marie heureuse de changer de sujet. Pour toi, Sylvie, j'ai eu une idée de génie ! »

Sylvie plisse les yeux.

« J'ai peur, soupire-elle. Est-ce que je t'ai dit qu'un jour je me vengerai ?

— Te venger de quoi, ma Sylvie ? demande Marie avec un regard angélique.

— Je vais te dire, oui, je me… »

La bonne humeur revient, Élodie et Hélène rient en écoutant leurs anecdotes. Marc, coutumier de leurs délires, les écoute en souriant. Ils ne sont pas pressés ; Sylvie a trouvé une maison d'hôtes, pas très éloignée du centre, ce qui leur permettra de revenir le lendemain.

Le week-end passe à une allure folle et ils ont beaucoup de mal à se dire au revoir. Jocelyne les regarde s'éloigner dans l'allée qui rejoint le parking en leur faisant des signes de la main. Elle voit Marie revenir en courant et Sylvie qui la suit d'un air désespéré.

« Coucou ! C'est déjà moi ! crie Marie. J'ai oublié mon sac dans ta chambre. Je peux y aller ? Elle est ouverte ?

— Oui, vas-y répond Jocelyne, elle est ouverte. Je t'attends ici avec Sylvie. »

Marie revient essoufflée en montrant son sac.

« C'est bon, je l'ai !

— C'est bon ? dit Sylvie les mains sur les hanches.

— Oui, c'est bon ! Oh là là, qu'est-ce que tu deviens râleuse avec l'âge ! »

Marie se tourne vers Jocelyne.

« Tu ne trouves pas qu'elle râle de plus en plus, hein ? »

Jocelyne les regarde une nouvelle fois s'éloigner.

« Ça promet les vacances en Italie… »

Jocelyne et Hélène se retrouvent, le dimanche soir, à leur table habituelle, fatiguées mais détendues ; elles ont un large sourire aux lèvres. La bonne humeur devant être contagieuse, monsieur Louplande est également charmant ; il trouve délicieuse sa purée de carottes et va même jusqu'à complimenter la serveuse pour son efficacité.

\*

Les effets de cette nouvelle chimio se font ressentir dès le lendemain. Jocelyne a à peine le temps de se remettre, que cela recommence. Elle est épuisée « C'est trop, je ne vais pas pouvoir me lever. Tant pis, je ne vais pas au restaurant. Je n'ai pas faim de toute façon ». Elle écoute l'agitation dans le couloir puis s'endort à nouveau.

Il est treize heures trente quand elle est réveillée par le docteur Audrieu qui a été prévenu par Hélène.

« Madame Loudet... Madame Loudet... Vous m'entendez ? chuchote le docteur Audrieu»

Jocelyne peine à ouvrir les yeux, elle voit le médecin et murmure.

« Ça va... Ça va passer.

— Je vais prendre votre tension. Bien sûr que cela va passer, dit-il en mettant son stéthoscope, je vais vous ausculter rapidement. Je n'ai pas besoin de vous ; fermez les yeux et laissez-vous faire. »

Le médecin range tristement son stéthoscope et son tensiomètre dans ses poches puis recouvre délicatement Jocelyne.

« Vous avez une tension très faible, mais c'est normal. Je vais vous faire apporter un dessert lacté hyperprotéiné. Si vous le pouvez, essayez de le manger. Surtout reposez-vous ; je reviens en début de soirée. »

Jocelyne chuchote un « Merci » et referme les yeux. La main sur la poignée, le docteur Audrieu ne peut s'empêcher de lever les yeux pour regarder la photo de Valérie. Quelque chose a changé : il s'arrête, revient sur ses pas puis sourit en secouant la tête « Elle est incroyable, cette femme ».

En sortant, il rassure Hélène qui attend dans le couloir et lui propose de rendre visite à Jocelyne plus tard en fin de journée « Ne vous inquiétez pas, elle a surtout besoin de se reposer ».

Cette fois-ci, Jocelyne met plus d'une semaine à reprendre des forces. Lorsqu'elle revient dans le monde des « vivants debout », elle s'appuie sur l'épaule amicale d'Hélène pour aller se promener dans le parc.

« Ça a été dur, dit Jocelyne en s'appuyant sur le dossier du banc. C'était interminable.... Ces chimios, c'est terrible. Je me demande dans quel état je vais rentrer chez moi. »

Jocelyne repousse un objet imaginaire de la main.

« Parlons de choses positives, aurait dit notre ami Émile Coué. Ta petite famille va bien ?

— Très bien. Inès m'a préparé un emploi du temps chargé dès le lendemain de ma sortie. En plus, ils font des cachotteries, son père et elle ; il me semble que j'ai une surprise qui m'attend.

— C'est mignon. Tu repars quand ? demande Jocelyne.

— Dans une dizaine de jours. Tu me crois si je te dis que je suis inquiète à l'idée de partir d'ici ?

— De quoi as-tu peur ?

— J'ai l'impression d'être passée dans un sas de transformation. Tout me paraît si différent aujourd'hui. J'ai peur de partir d'ici car j'ai la sensation de perdre une sécurité. Je vais en faire quoi de ma vie maintenant ? »

Jocelyne ferme les yeux et se voûte.

« Je suis désolée, je vais devoir rentrer. Je n'en peux plus. »

Hélène se lève précipitamment.

« Viens, je te raccompagne. Ça ira jusqu'à ta chambre ?

— Oui, oui, on va y aller doucement. Ça va aller, ça va aller... »

Jocelyne est toujours allongée lorsque le médecin vient la voir à dix-sept heures.

« Bonjour Madame Loudet. Vous allez mieux ?

— On va dire que c'est mieux. Je me demande dans quel état je vais sortir d'ici.

— Vous sortirez lorsque votre état vous le permettra, pas avant.

— C'est-à-dire ?

— Si, après votre dernière chimio, vous êtes trop fatiguée, nous prolongerons votre séjour.

— J'ai plein de choses à faire, dit Jocelyne en pensant à Ancier. Et vite, ajoute-t-elle.

— On a tous beaucoup de choses à faire mais il faut aussi être en forme pour les faire. Les effets de cette chimio vont s'atténuer d'ici quelques jours. On verra pour la prochaine ; nous aviserons en temps voulu. »

*

En effet, une semaine plus tard, Jocelyne reprend une vie à peu près normale. Rien d'extraordinaire, bien sûr, mais se lever n'est plus un calvaire et elle picore de nouveau au restaurant, en compagnie d'Hélène et de monsieur Louplande. Ce dernier, qui s'est fait rabrouer par la majorité du personnel du centre, y compris le personnel soignant, a décidé, ce soir-là, de s'acheter une conduite.

« Bah, on ne va pas me changer à mon âge. Ma femme me l'a dit pendant près de cinquante ans que j'étais râleur et ben, ça l'a pas empêchée d'être heureuse avec moi, hein ? »

Hélène et Jocelyne s'abstiennent de répondre et hochent la tête poliment.

« Vous verriez vos têtes ! dit-il en riant pour la première fois. Elle m'aimait ma Framboise, j'vous assure.

— Framboise, c'est original comme prénom, dit Hélène.

— C'est comme ça que je l'appelais mais en fait elle s'appelait Françoise. La première fois que je l'ai vue, elle avait vingt ans… Qu'est-ce qu'elle était belle ! Ben cette première fois, c'était l'été et il faisait très chaud, alors, comme elle était rousse, elle avait la peau toute rouge. Je l'ai tout de suite appelée Framboise. »

Il baisse les yeux et ajoute :

« Quand elle est morte, j'ai fait graver Framboise Louplande sur la plaque.

— Cinquante ans de mariage ! s'exclame Jocelyne. Bravo !

— C'est passé tellement vite que je ne m'en suis pas rendu compte. C'était pas comme maintenant, on travaillait tout le temps. Faut dire qu'on n'était pas des fainéants. Maintenant, vous vous rendez compte ! Les … »

Terminé. Monsieur Louplande, c'est monsieur Louplande. Maintenant qu'il se sait écouté, il ne laisse personne lui prendre la parole. Ni Hélène, ni Jocelyne ne s'y risquent et elles attendent patiemment la fin du repas. Debout, prêtes à partir, elles restent une bonne dizaine de minutes et répètent à plusieurs reprises « Bon après-midi, Monsieur Louplande. ». Est-il un peu sourd ? Pas sûr. Hypocrite, Hélène regarde sa montre et dit.

« Oh, déjà ! Il faut que j'y aille !

— Je t'accompagne ajoute Jocelyne. »

En chœur :

« A plus tard, Monsieur Louplande. Bon après-midi. »

Avant de prendre le couloir qui mène à la bibliothèque, elles jettent un coup d'œil en direction de monsieur Louplande. Oui, monsieur Louplande continue de parler ; il a trouvé une nouvelle victime en la personne d'une dame, d'à peu près de son âge, qui est installée à la table d'en face. C'est parfait. Déculpabilisées, elles changent de direction et décident d'aller prendre un thé.

« On n'est pas sympa, dit Jocelyne, on aurait pu le laisser parler.

— Disons que c'était agréable, au début. C'était joli la manière dont il parlait de sa femme, mais alors après... ses longs monologues déprimants sur le monde moderne, les gens incompétents et tout le reste. Merci, c'est bon.

— Oui, tu as raison. Il l'a dit lui-même « On ne va pas le changer ».

— On ne va pas le changer, soit, dit Hélène, d'accord, mais quand même, il pourrait aussi faire un effort. J'avais une grand-mère comme ça et elle se plaignait que personne ne venait la voir, tu m'étonnes. C'était pour s'entendre dire, fais ceci, fais cela, c'est pas bien, c'est pas comme ça... Je peux t'assurer qu'on limitait nos visites au strict minimum. »

Hélène hausse le ton et continue.

« Alors, d'accord, ils sont âgés. D'accord, ils sont parfois malades ; d'accord, ils ont une expérience que l'on n'a pas, mais tout de même, laissez vivre ceux qui doivent la faire !

— Dis donc, ta grand-mère, c'était pas ta copine.

— Pas vraiment, non, elle participe au poids du menhir. »

Hélène ajoute en riant.

« Cela m'a fait du bien de le dire, ça va beaucoup mieux !

— Suivant, propose Jocelyne sur le même ton. »

Hélène fait une grimace à Jocelyne. Cette dernière la prend par le bras et dit.

« Hélène Louplande, c'est assez joli, tu ne trouves pas ?

— Pff, c'est malin. »

\*

Durant les jours qui suivent, elles reprennent leurs balades dans le parc. L'état de fatigue de Jocelyne limitant les distances, elles élisent domicile à une centaine de mètres de l'entrée du centre, sous un érable. Si la chaleur est devenue plus raisonnable pour la saison, le soleil n'en persiste pas moins à briller et tous les jours elles répètent « Profitons-en, on ne sait pas le temps qu'il fera demain. »

\*

Léger tapotement sur la porte ; le docteur Audrieu passe la tête et sourit.

« Bonjour Madame Loudet. Vous allez bien ? Je suis passé tout à l'heure mais vous étiez absente. Je n'ai pas voulu frapper trop fort à la porte car je ne savais pas si vous dormiez.

— Bonjour Docteur, entrez, je vous en prie. Non, je ne dors pas, je reviens d'une promenade dans le parc, je profite du soleil tant qu'il est là.

— Vous avez bien raison. Donc j'en déduis que vous allez mieux. Le moment difficile est donc passé.

— Celui-là, oui. Il en reste encore un.

— Je sais bien. Il me semble… enfin, il me paraîtrait raisonnable que vous restiez encore un petit mois ici. Si vous en êtes d'accord, je vais faire la demande.

— Vous avez peut-être raison… C'est de pire en pire.

— En regardant votre dossier, j'ai vu que vous étiez très fatiguée avant même votre opération. Alors, maintenant, avec ces chimiothérapies, votre corps est encore plus affaibli. C'est la dernière ligne droite, il vous faut encore un peu de courage.

— Oui, restons positifs.

— Quand je vois votre dernière œuvre d'art, je suis certain que c'est votre cas. »

Le docteur Audrieu appuie sa remarque par un geste en direction de la photo de Valérie. Sur le verre du cadre sont dessinés, au feutre, juste au-dessus des pinces, deux yeux ronds affublés de lunettes.

« Perdu Docteur, c'est une œuvre de mon amie Marie.

— C'est une artiste, votre amie. Vous la féliciterez de ma part.

— Je confirme, dans son genre, c'est une artiste. »

Après le départ du médecin, Jocelyne regarde les crayons, les feutres et les cansons alignés sur la table depuis son arrivée. Malgré ses longues discussions avec Hélène, sur l'enthousiasme, celui-ci lui fait particulièrement défaut. « L'enthousiasme … Avoir envie de… Sur le papier, j'ai des envies mais cela n'est pas suffisant… C'est quoi mon objectif de vie ? »

Cette question la taraude jusqu'au repas.

Monsieur Louplande est déjà installé lorsque Jocelyne arrive au restaurant. Il regarde avec impatience sa montre « Bon, c'est l'heure là ! J'ai faim. » Sa victime de la veille arrive et lui adresse un « Bonsoir Monsieur Louplande » très gracieux. Magie de la politesse. Il lui retourne un « Bonsoir » accompagné d'une presque révérence. Exceptionnellement, il ne fait aucun commentaire désagréable durant le repas ; il est, a priori, très occupé à jeter des œillades à sa voisine, madame Bouchoir. Hélène et Jocelyne le remarquent mais restent discrètes.

« Tu te souviens de notre discussion sur l'enthousiasme ? demande Jocelyne à Hélène.

— Très bien, oui. C'est juste une excellente théorie.

— Moi, c'est pareil. Tout à l'heure j'y pensais et je me disais, l'enthousiasme, on l'a quand on a un objectif de vie. Quand je regarde devant moi, j'ai l'impression de voir un grand désert. »

Hélène n'a pas le temps de répondre ; monsieur Louplande, entre deux œillades, se charge de la réponse.

« Vous vous en posez souvent des questions comme ça ? »

Ayant un peu haussé la voix, madame Bouchoir relève la tête et le regarde. Il s'en rend compte, et chuchote :

« Cette dame a, dans les yeux, la même lueur que ma Framboise. Hum… Je vais vous faire une petite démonstration de l'enthousiasme. »

Il se lève, prend son dessert, et se dirige vers madame Bouchoir.

« Chère Madame, pourrais-je avoir le plaisir de partager le moment délicieux du dessert avec vous ? »

— Avec plaisir, Monsieur Louplande, installez-vous, je vous en prie. »

Hélène et Jocelyne sont partagées entre la stupeur et le rire. Jocelyne, dos à dos avec monsieur Louplande, ne voit rien et lève les sourcils en direction d'Hélène avec un « Alors ? » muet. Curieuses comme des mégères, elles se taisent afin d'écouter la conversation de leurs voisins.

« Vous êtes ici depuis combien de temps ? demande monsieur Louplande.

— Je suis là depuis une quinzaine de jours mais avant j'étais installée, au restaurant, de l'autre côté, minaude la vieille dame.

— Je me disais bien aussi… je vous aurais remarquée avant. »

Jocelyne baisse la tête et chuchote à l'oreille d'Hélène.

« Leçon n° 1 Louplande : l'enthousiasme est dans l'instant présent. Il n'a pas hésité une seconde, chapeau ! Il ne s'est même pas donné le temps d'avoir peur.

— C'est quoi son objectif de vie ? s'interroge Hélène.

— Aimer pour le temps qui lui reste à vivre. C'est un maître, dans son genre, ce monsieur Louplande.

— Hum… »

Jocelyne chuchote.

« Un objectif de vie…

— Arrête, tu me donnes la migraine. »

## CHAPITRE IV

« Tourne-toi, pour voir, demande Sylvie ?

— Pour voir quoi ? grommelle Marie. J'ai l'air d'un pingouin, avec ce truc.

— Ce truc, ma Chère Marie, s'appelle un tailleur pour femme. J'ajouterai, pour femme sérieuse « à qui on ne raconte pas n'importe quoi ». Hé, Hé, ricane Sylvie avec une petite voix sadique, je la tiens ma vengeance. Je la tiens. Ce qui m'énerve, tout de même, c'est que tu n'as pas l'air ridicule. C'est énervant. Je vais ajouter une petite paire de chaussures avec un ravissant nœud sur le dessus, en velours, ma Chère.

— Je refuse les talons ! Je serai intraitable !

— Mais qui te parle de talons ? Des chaussures plates bien sûr. J'en ai une paire magnifique dans mon placard ; elles sont pratiquement neuves, grâce à mes enfants, je dois te l'avouer. Je m'en souviens, c'était un dimanche et j'allais chez mes futurs-ex beaux-parents. Ces petits imbéciles prenaient leur petit déjeuner et, quand ils m'ont vue, ils se sont marrés comme des idiots et mon fils, tu te rends compte, Mon Fils ! Il m'a dit « Dépêche-toi, tu vas être en retard à la messe. »

— J'adore ton fils. »

Après deux heures d'essayage, Marie est métamorphosée.

« Tu es magnifique, s'exclame Sylvie.

— Magnifiquement ridicule, oui. Vas-y, continue… Je ne dirai que « Vivement l'Italie ». Le Pape devrait se souvenir de nous, surtout de toi.

— Comment tu dis déjà ? « T'es pas joueuse », c'est ça ? »

*

« Quelle horreur, ronchonne Marie. Je dors debout.

— Allez, monte dans la voiture, dit Sylvie. Non, mais je rêve ? C'est quoi ce sac ?

— C'est mon cadeau de la fête des mères. C'est joli, non ?

— Heu, oui, bien sûr. Je voulais seulement dire que ce sac en toile orange, heu… était très différent du style que tu as aujourd'hui.

— Je suis d'accord avec toi. Aujourd'hui, j'ai le style de sœur Marie en tournée dans le diocèse. Eh bien, on dira que sœur Marie a eu un petit coup de folie, hein ?

— Là, de toute façon, on n'a plus le choix, on doit y aller.

— Te voilà raisonnable. Go ! »

Sylvie est radieuse ; elle lance des regards moqueurs à Marie durant tout le voyage. À six heures quarante-cinq, il n'y a pas foule dans les rues et Sylvie n'a aucune difficulté pour se garer.

« Tu n'es pas réveillée, ma Marie ? Quelque chose ne va pas ?

— Tout va très bien. Je pense à nos prochaines vacances. Non, je rêve de nos prochaines vacances.

— Moi, je vis le moment présent. Quel plaisir ! Arrête de faire cette tête-là, tu es superbe de la tête aux pieds. Ça va les chaussures ? Elles sont presque neuves, elles sont peut-être un peu raides. »

Les yeux ronds, Sylvie fixe les pieds de Marie.

« Marie, où sont les nœuds ?

— Chez moi.

— Tricheuse !

— Un peu de respect, mon enfant. S'adapter ne veut pas dire tricher. Allez dépêche-toi, on est juste à l'heure. »

Le hall de la mairie est tellement silencieux qu'elles chuchotent.

« Tu sais où c'est ? demande Marie.

— Non. Attends, on va regarder le tableau.

— C'est bon, j'ai vu ; c'est au premier étage. »

Dans le long couloir du premier étage, Sylvie toussote pour se faire entendre. Le député-maire Hillion sort de son bureau et s'avance vers elles, la main tendue.

« Bonjour Mesdames. Toutes mes excuses, je vous ai obligées à vous lever un peu tôt. »

Marie et Sylvie serrent tour à tour la main de l'homme politique. Monsieur Hillion les précède dans son bureau et ils s'installent tous les trois autour d'une table ronde.

« Installez-vous, Mesdames, je vous en prie. Que puis-je pour vous ?

— Déjà, nous vous remercions d'avoir bien voulu nous recevoir, dit Sylvie.

— Cela fait partie de mes devoirs, Madame.

— J'ai expliqué, par téléphone, à votre assistante, l'objet de notre rendez-vous mais je vais me permettre de vous le rappeler, reprend Sylvie. Madame Selonnet, dit-elle en faisant un petit geste de la main en direction de son amie, et moi-même sommes en cours de création d'une association « Femmes solidaires en action » dont l'objet est, comme vous pouvez l'imaginer, d'aider des femmes en difficulté, dans leurs démarches personnelles et professionnelles. Nous sommes en contact avec une centaine d'entre elles, et qui, au travers de leur témoignage, ont fait ressortir trois grands problèmes qui... »

Le député-maire intervient :

« Oui, qui sont : le logement, la garde des enfants et le travail précaire.

— Tout à fait, Monsieur Hillion, tout à fait, dit Marie en hochant la tête en signe d'approbation. »

Sylvie évite de regarder son amie et se concentre sur ses mains.

« Je continue... Dans la mesure où notre pays est actuellement en pleine campagne électorale, nous prenons contact avec des hommes politiques de tous bords afin de connaître leur position et leur programme face à ces problèmes. Notre objectif est d'éditer une petite revue.

— Pas plus de quatre pages, intervient Marie avec un petit rire étouffé ; nous ne sommes pas des journalistes.

— Pas plus de quatre pages, répète Sylvie. Donc cette petite revue reprendra, pour chacun de ces trois thèmes, la position et le programme des principaux candidats de quelques mairies.

— C'est un projet ambitieux, nous vous l'accordons, précise Marie, mais nous sommes dé-ter-mi-nées.

— C'est un excellent projet, Mesdames, dit Hillion. Qui avez-vous rencontré jusqu'à présent ?

— Beaucoup de sympathisants de gauche et de droite mais vous êtes le premier maire ; nous espérons que vous ne serez pas le seul. Je ne sais pas s'il y en a beaucoup qui se lèvent aussi tôt que vous et qui prennent le temps d'écouter leurs concitoyens. Nous verrons bien. »

Très flatté, le député-maire se redresse quelque peu et leur envoie, tour à tour, un sourire enjôleur.

« Bien sûr, bien sûr, je n'en doute pas. Allons-y, dit-il en regardant sa montre. Je tiens tout de même à vous préciser que je ne pourrai vous accorder qu'une vingtaine de minutes car après vous, j'ai d'autres rendez-vous. »

Tout aussi gracieuse, Sylvie se confond en politesses.

« Nous comprenons très bien, nous tâcherons d'être rapides et concises. »

Elle sort un bloc-notes de son sac à main et passe en revue les différentes questions qu'elle avait préparées. Elles retrouvent le Hillion décrit par Jocelyne, un style direct et pressé.

« Hou là, que le temps passe vite, il ne nous reste que quelques petites minutes ! dit Marie qui ne voit pas comment Sylvie va sortir de cette situation.

— Ne vous inquiétez pas, Marie, dit Sylvie. C'est juste le temps nécessaire pour présenter à monsieur Hillion notre petite requête. »

Le député-maire lève les sourcils, se recule dans sa chaise

et attend, non sans méfiance, que Sylvie continue. Elle sort deux documents de son dossier et les lui présente.

« Tenez, Monsieur le maire, voici la photocopie de courriers échangés entre votre avocat et celui de madame Loudet. »

D'un geste brusque, il prend les courriers et les parcourt rapidement.

« Oui, et alors ? Quel est le problème ? Elle n'a pas respecté ses engagements, c'est tout à fait normal. »

Il se lève, recule sa chaise, afin de mettre un terme à l'entretien. On entend un bruit de voix dans le couloir, annonciateur du prochain rendez-vous.

« Le problème, Monsieur Hillion ? dit Marie assez fort pour qu'on puisse l'entendre de l'extérieur, c'est que Jocelyne Loudet vient de se faire opérer d'un cancer et qu'elle subit actuellement une chimiothérapie qui l'anéantit. Vous croyez vraiment qu'elle n'a pas voulu respecter ses engagements ou bien qu'elle n'a pas pu ? C'est cela Monsieur Hillion le regard que vous portez sur vos concitoyens ? Vous venez de faire un magnifique discours sur les difficultés sociales des femmes et vous êtes le premier à…

— Cela suffit, dit Hillion sèchement. Vous venez de me faire perdre une demi-heure en me racontant je ne sais quelles sornettes, pour en arriver à ça ! rage-t-il en mettant les lettres sous le nez de Sylvie. »

Celle-ci se redresse et le regarde dans les yeux.

« Êtes-vous certain, Monsieur le Député-Maire, que ce sont des sornettes ? Êtes-vous certain que ces lettres ne seront pas diffusées. Nous ne sommes sûrs de rien, n'est-ce pas Marie ?

— En effet, les voies de la communication sont impénétrables, confirme cette dernière. »

La main ferme du député-maire est devenue écrasante. Son regard mesure ses adversaires et il les raccompagne jusqu'à la porte de son bureau.

« Au revoir Mesdames, je vais voir avec mon chargé de communication, monsieur Ancier. C'est lui qui est en charge de ce dossier. »

Le maire retrouve son sourire pour accueillir le couple qui

attend, assis sur une des chaises alignées dans le couloir. Celui-ci, d'une soixante d'années, regarde, intrigué, ces deux femmes élégantes, mécontentes, qui sortent du bureau. Hillion fait une tentative d'explication pour justifier les éclats de voix.

« Il se passe tellement de choses dans une commune que, malgré toute ma bonne volonté, je ne peux pas être au courant de tout. Je ne vous ai pas fait trop attendre, j'espère. »

Sylvie et Marie, elles, ne sourient pas sur le parvis de l'hôtel de ville.

« Il n'a même pas eu l'air gêné, dit Marie. C'est incroyable.

— Oui, mais il s'est senti piégé. On va voir ce que cela donne. Je suis sûre que c'est plus efficace que des échanges de courriers entre avocats.

— On a peut-être fait un peu fort, au début, non ?

— Non, je ne crois pas. C'est justement la contradiction entre son discours au début de l'entretien et son attitude à la fin qui l'a déstabilisé. Tu crois qu'il nous aurait reçues s'il avait su que nous venions pour Jocelyne ? dit Sylvie en haussant les épaules.

— Ben non.

— Allez, n'aies pas de scrupules, tu crois qu'il en a lui ?

— Bon, ça valait le coup d'essayer. On en parle à Jo ?

— On va commencer à en parler à Marc, c'est lui qui est en relation avec les avocats. »

Marie s'apprête à entrer dans la voiture mais Sylvie l'arrête.

« Attends ! Où ai-je la tête ? Reste-là, ne bouge pas »

Sylvie sort son portable de sa veste et photographie Marie.

« Tu te rends compte ? Il m'a tellement énervée que j'allais oublier.

— Bien sûr, que je me rends compte, dit Marie en prenant la pose. Garde un peu de mémoire dans ton appareil. Tu veux bien, hein ? »

*

Jacques Hillion agite les courriers sous le nez d'Hugues Ancier.

« C'est quoi ce bordel ! Comment elles ont eu ces documents ces deux nanas ! Elles peuvent me faire capoter ma campagne ; il y en a qui ont perdu pour moins que ça !

— Je m'en occupe, répond froidement Hugues Ancier ; laisse tomber.

— Mais ils sont vrais ces documents ! Et comment je vais les retrouver ces folles ?

— Tu n'as pas besoin de les retrouver, il ne peut s'agir que de ses amies. Tu attaques Jocelyne Loudet pour diffamation, c'est tout. L'important c'est de gagner du temps. Après la campagne on verra bien.

— T'es sûr de toi ? Elle est vraiment très malade cette Jocelyne Loudet ?

— J'en sais rien et ce n'est pas mon problème. Allez, laisse tomber, je m'en occupe. J'appelle l'avocat dès demain. Garde ton énergie pour tes meetings, ajoute-t-il en lui tendant un dossier. »

\*

Sylvie et Marie n'ont pas le temps de téléphoner à Marc pour le prévenir. Ce dernier reçoit, quelques minutes avant, un appel de l'avocat de Jocelyne.

« Deux femmes sont venues voir le député-maire Jacques Hillion et l'ont menacé de ruiner sa campagne électorale s'il ne retirait pas sa plainte. C'est de la diffamation, du harcèlement, a-t-il précisé ; il n'en restera pas là.

— Désolé, dit Marc, je ne suis pas au courant. »

Il pense tout de suite à Marie et Sylvie mais se tait.

« Vous n'êtes pas au courant ? Vous m'étonnez. Je suis persuadé que ce sont des amies de votre mère. Alors, vous leur direz de se calmer ; ce n'est pas un dossier facile à défendre et elles ne me facilitent pas la tâche… Monsieur Diant ?

— Oui, oui, je vous écoute.

— Très bien. Bon je vous laisse. Je vous tiens au courant. Au revoir. À bientôt.

— Au revoir. »

Marc a du mal à se concentrer tout le reste de la matinée. Il a téléphoné à Sylvie et Marie et sont convenus de se retrouver au restaurant État d'Esprit pour le déjeuner.

« Alors, les harceleuses, vous allez bien ? dit Marc en les accueillant.

— On ne l'a pas harcelé. On va te raconter comment cela s'est passé, dit Sylvie. »

Marc les écoute très sérieusement mais ne peut s'empêcher de rire lorsque Sylvie décrit la tenue de Marie.

« À mon avis, dit Marc, ils essaient de gagner du temps et veulent nous intimider. Ils sont en pleine campagne et ne veulent pas de vague.

— Il faut tout de même faire attention à ce que ta mère n'ait pas de problèmes supplémentaires, fait remarquer Sylvie.

— On va en parler à Jo et après on voit, dit Marie

— Si l'on fait quelque chose, il faut faire vite. La campagne se termine dans un mois, ajoute Sylvie. »

*

Le samedi suivant, ils sont tous les trois autour de Jocelyne. La convaincre n'est pas un problème.

« Je vous remercie, les filles, d'avoir fait ça pour moi ; c'est très gentil. Mais j'ai beaucoup de mal à penser à tout ça. Faites comme vous le sentez, je vous fais confiance.

— Tu sais Maman, rappelle Marc, ce ne sont pas des rigolos. Nous, on n'a pas l'habitude de tout ça, mais eux, si.

— Justement, c'est ça le problème. On passe notre vie à se laisser impressionner par des galons de petits chefaillons. Y'en a marre. Alors, si vous avez des idées, faites. »

# CHAPITRE V

« Tu es toute triste, ça ne va pas ? demande Jocelyne »

Hélène ne répond pas.

« Excuse-moi, se reprend Jocelyne, je ne voulais pas être indiscrète.

— Non, ce n'est pas de l'indiscrétion, c'est seulement idiot. Je suis triste de partir ; plus que deux jours. Je ne me sens pas la force d'affronter le monde, le bruit, les questions. Je commence à peine à sortir la tête de l'eau. Et surtout, qu'est-ce que je vais faire de tout ce temps ? »

Hélène pleure doucement ; elle peut se laisser aller. Monsieur Louplande les a définitivement abandonnées pour leur voisine, madame Bouchoir. Hélène reprend.

« Tout me pèse. Je ne supporte même pas ma fille, tu te rends compte ? La pauvre gosse est complètement paumée. J'ai honte, si tu savais.

— Ne va pas t'en rajouter, laisse la honte de côté. Si tu connais des gens qui sont disponibles 24 heures sur 24, tu m'appelles.

— J'ai pensé que j'allais peut-être suivre une psychothérapie. Je suis tellement perdue que j'ai besoin d'aide. Je dois bien être faite pour quelque chose, non ?

— Tu vas t'en sortir, ne t'inquiète pas.

— J'aimerais en être aussi convaincue que toi.

— Il te suffit de regarder tout ce que tu as fait jusqu'à

aujourd'hui et tu en seras convaincue. »

*

Inès, heureuse de retrouver sa Maman, saute dans tous les sens et babille à qui veut l'entendre que sa Maman rentre à la maison... Christophe charge les bagages d'Hélène et s'éloigne afin de permettre à sa femme et à Jocelyne de se dire au revoir.

L'amitié qui s'est créée entre les deux femmes est au-delà des circonstances. Émues, elles se séparent à la porte du centre, en se promettant de rester en contact. Avant de refermer la porte de la voiture, Hélène sourit à Jocelyne.

« À bientôt, on s'appelle très vite. Tu vas me manquer.

— Toi aussi, tu vas me manquer. Porte-toi bien. »

*

Les mains dans les poches, Jocelyne se promène dans le parc. Elle regarde la grande bâtisse et soupire.

« Un mois toute seule... »

Elle fait un tour à la bibliothèque, feuillette quelques livres mais ne porte attention à aucun d'eux. Par jeu, elle ouvre un dictionnaire et, au hasard, lit la première définition.

« COM-COM – Composer : v. t. Former un tout de plusieurs parties. Faire. Créer.

Elle relit à haute voix.

« Former un tout de plusieurs parties. Faire. Créer ».

Elle referme le livre.

« C'est bien gentil, encore en faut-il en avoir la force ».

Elle sourit, elle vient de parler au dictionnaire.

« Cela ne s'arrange pas, je vais aller faire une sieste ».

Elle tourne plus d'une demi-heure dans son lit et se relève.

« Merde ! Qu'est-ce que j'en ai marre ! »

Elle se redresse et prend sa tête entre les mains.

« C'est sans fin, je n'en vois pas le bout. Je n'en peux plus de cette chimio, de ce Ancier, de cette chambre, j'en ai marre ! ... Ça suffit ! C'est trop ! »

Elle sort sur le balcon et serre la balustrade avec rage. Elle respire profondément et s'oblige à se calmer ; elle desserre ses mains et répète la fameuse phrase du docteur Coué « Tous les jours et à tous les points de vue, je vais de mieux en mieux ». Elle compte mentalement le nombre de fois où elle le dit.

Elle s'arrête à la quinzième « Ce n'est pas possible, il n'a jamais été malade cet homme-là ! Je vais de mieux en mieux, c'est faux, c'est de pire en pire !». La pression retombe et elle sent les larmes rouler sur ses joues.

Ses pensées se limitent à présent à « C'est trop ». Elle se recouche et s'endort le visage inondé de larmes.

Réveillée, elle reste un long moment les yeux fermés. Ne pas bouger, ne pas penser, rester calme.

Il est dix-huit heures trente. Ce sont les premiers départs pour le restaurant. Jocelyne les entend. Elle voit des femmes, des hommes, des fauteuils roulants, des cannes… Elle se voit avec eux. Elle est aussi avec le docteur Coué qui lui répète qu'elle va de mieux en mieux ; elle est avec le docteur Audrieu qui lui dit de garder courage.

Elle ouvre les yeux doucement et son regard reste accroché à la photo de Valérie. Elle est avec ses amies, avec Élodie, avec Marc, avec Hélène. Sa gorge se serre, elle se redresse et se hâte d'aller dîner.

Elle partage la table avec une nouvelle résidente, madame Lecluse. C'est une dame assez âgée, au visage tiré par la fatigue. Après quelques présentations d'usage et banalités, madame Lecluse s'enferme dans un silence poli. Tant mieux, Jocelyne n'a pas envie de parler. La salle est bruyante ce soir et elle est pressée de retourner dans sa chambre.

*

Jocelyne a besoin de rêver. Elle a besoin de sortir de cet endroit qui lui pèse. Alors elle met Chopin. Elle s'installe dans le fauteuil, face au parc et rêve. Elle rêve de moments qui lui font du bien.

« Une petite fête à la maison, dès que je rentre. Je ferai un cocktail au champagne et à la fraise, c'est super bon et en plus, c'est très facile à faire. Je vais peut-être demander à tout le monde de ramener quelque chose. Je ne sais pas si je serai en forme pour faire de la cuisine. Pourquoi pas ? C'est sympa aussi. »

« Marie, qu'est-ce qu'elle va encore inventer pour l'Italie. Elle pourrait faire un bouquin à elle toute seule, elle est incroyable.»

Jocelyne tourne la tête vers la table où l'attendent ses cansons et ses crayons. « Un bouquin, peut-être pas, mais une BD ? »

La définition du dictionnaire traverse son esprit. « Composer : Former un tout de plusieurs parties. Faire. Créer. »

« Former un tout de plusieurs parties… J'ai le titre ! Carré V.I.P. ! Non ! Carré Vieilles Pies ! »

Fébrilement elle s'installe derrière sa table et fait le premier dessin : une caricature de Marie, une chevelure énorme et des lunettes bleu pétard. C'est ça oui… »

Cela fait longtemps qu'elle n'a pas veillé si tard. Elle regarde les trois caricatures qu'elle a posées sur la table. Le trio infernal est prêt à affronter de nouvelles aventures. Marie est tout en couleurs ; ses lunettes bleues occupent la moitié de son visage. Le nez de Sylvie, retroussé, est un peu excessif mais bon, il s'agit d'une caricature ; excepté le nez, elle lui a gardé son élégance citadine et son air un peu chochotte. Elle ne s'est pas épargnée non plus, et ses yeux, trop ronds aux dires de ses amies, sont des larges soucoupes ; son foulard, qu'elle a conservé, est noué au-dessus de sa tête et les deux pans retombent de chaque côté de son visage.

Elle se couche, satisfaite « Ça y est, c'est parti. Je ne sais ni comment, ni dans quelles conditions je vais faire cette BD, mais je la ferai. »

*

Le docteur Audrieu est penché au-dessus de Jocelyne et parle doucement en lui frottant l'épaule.

« Madame     Loudet ?     Madame     Loudet ?     Vous m'entendez ? »

Jocelyne ouvre les yeux et murmure.

« Bonjour Docteur. Oui, qu'est-ce qu'il y a ?

— Il est neuf heures trente et vous êtes couchée. On m'a signalé votre absence au petit déjeuner, alors je suis venu voir si tout allait bien.

— Il est neuf heures et demie ?

— Oui. Tout va bien ?

— Oui, oui. Je me suis couché tard, c'est pour cela.

— Vous arrivez à vous coucher tard, ici ? »

Jocelyne sourit.

« Oui, je suis sortie avec mes amies, hier soir.

— C'est sûr que vous allez bien, Madame Loudet ?

— Oui, je vais bien, dit Jocelyne en s'asseyant sur son lit. C'est une boutade ; j'ai dessiné tard, hier soir. Regardez sur la table et dites-moi ce que vous en pensez. »

Le docteur Audrieu regarde une à une les caricatures et rigole franchement lorsqu'il voit le titre « Carré Vieilles Pies ».

« Très drôle ! Je vois que vous vous êtes gâtée, entre le foulard et les yeux ; il ne vous manque que le cabas et les poireaux qui dépassent !

— Je fais ce que j'aurais dû faire depuis longtemps déjà, une BD. Je manquais de temps, maintenant j'en ai ; il faudrait tout de même que cette foutue chimio me laisse un peu de force.

— La dernière, c'est la semaine prochaine, non ?

— La dernière, oui, je m'accroche à cela, c'est la dernière.

— C'est vrai, dit le docteur Audrieu, elles sont dures ces chimios. Pensez à votre amie Hélène, regardez comment elle est repartie.

— Oui, mais après une épreuve comme celle-ci, il faut se reconstruire. La parenthèse n'est pas encore terminée.

— Vous allez penser que j'ai beau jeu de vous dire cela mais si vous saviez le nombre de personnes que j'ai revues, après cette parenthèse, qui m'ont dit vivre une nouvelle naissance, vous seriez impressionnée.

— Je veux bien vous croire. Lorsqu'on sort de cela, on se sent miraculé.

— Ce n'est pas exactement ce que je voulais dire. Ces personnes me disent se sentir différentes, être plus épanouies, plus ouvertes.

— On en reparlera plus tard alors, dit Jocelyne. Je manque d'un recul évident.

— Bien sûr, bien sûr... En attendant, je vais vous faire apporter votre petit déjeuner dans votre chambre. »

\*

« Demandez le programme ! Demandez le programme ! »

Marie, une liasse de feuilles à la main, se faufile dans la foule. Elle rejoint Sylvie qui, elle, fait la distribution de manière moins bruyante mais tout aussi efficace.

« C'est très instructif, je vous assure. »

« Non, ce n'est pas un coup monté. Demandez à monsieur le député-maire, vous verrez bien. »

Cela fait déjà une demi-heure qu'elles distribuent leur programme et il ne leur en reste qu'une vingtaine.

« Mince, dit Marie. Tu en as d'autres ?

— Non, le photocopieur est tombé en panne. Il faudra aller en refaire pour le prochain meeting. »

Marie lève à nouveau son bras et recommence.

« Demandez le programme. Demandez... »

Ses dernières feuilles lui sont arrachées par un homme élégant, très en colère.

« C'est quoi ce bordel ! »

Marie redescend son bras et lui tend la main.

« Enchantée, Marie Selonnet. Vous êtes ?

— Qui vous paye ? demande l'homme.

— Vous avez de ces idées ! réplique Marie. »

Un autre homme intervient, Jacques Hillion, en personne.

« Monsieur Hillion, s'exclame Sylvie. Bonjour, vous allez bien ?

— Vous cherchez quoi exactement ? demande-t-il

— Nous ne cherchons rien, nous informons. »

Le gymnase, réquisitionné pour la circonstance, se remplit petit à petit. Le député-maire est tendu mais se contrôle ; une petite foule s'est agglutinée autour d'eux. Il s'adresse au premier homme qui est intervenu.

« Vas-y Hugues, installe nos invités, je m'en occupe. »

Il se tourne ensuite vers ses administrés et leur propose d'entrer.

« J'arrive tout de suite, leur dit-il. Je ne comprends rien à ce qui se passe mais cela va s'arranger. Allez-y, je vous en prie. »

D'un rictus qui se veut aimable, il s'adresse à Marie et Sylvie.

« Il doit s'agir d'un malentendu, Mesdames. Quel est le problème ? »

Le mutisme et la raideur de Sylvie et Marie le déstabilisent. Il est inquiet et s'attend à tout moment à ce qu'elles fassent un esclandre. La police municipale est juste derrière lui et n'attend qu'un geste de sa part pour intervenir. Il hésite ; il faut gagner du temps. Son meeting commence dans un quart d'heure.

« Je vous reçois cinq minutes. Suivez-moi ».

Il fait un signe de tête aux policiers et entre dans la première pièce qu'il trouve et referme la porte derrière eux.

« Avez-vous eu des nouvelles de mon avocat ? demande-t-il. Vous allez perdre, Mesdames, à ce petit jeu-là.

— Des nouvelles de votre avocat ? demande Sylvie d'une voix ingénue. De quoi parlez-vous ? Comme nous vous l'avions dit la dernière fois que nous nous sommes rencontrés, nous montons une association « Femmes solidaires en action » et c'est à ce titre que nous intervenons. C'est un acte de solidarité que nous avons vis-à-vis de madame Loudet.

— Elle va avoir, grâce à vous, de nouveaux problèmes, insiste le député-maire. »

Jacques Hillion, regarde sa montre. Plus que sept minutes.

« J'y vais maintenant. Je vous aurai prévenues.

— Au revoir Monsieur le député-maire, dit Marie. À bientôt. »

Il ouvre la porte d'un geste brusque et s'engouffre dans le couloir. Sylvie et Marie ne tentent pas de rentrer dans le gymnase et repartent.

« Tu as vu Marc ? demande Sylvie, tout en s'installant dans la voiture.

— Oui, il était dans les premiers. Il nous appelle juste après le meeting. On va bien voir ce que cela va donner.

— On va chez moi ? propose Sylvie. On va faire comme les jeunes, on va se commander une pizza.

— Yes ! Manif, pizza… J'ai rajeuni de vingt ans.

— Trente ans.

— Qu'est-ce que t'es rabat-joie ! »

Toutes les deux sont installées sur un des confortables canapés de Sylvie. Elles attendent avec impatience l'appel de Marc. Les portables sont au milieu de la table du salon ; Sylvie baille ; la journée a été longue.

« Qu'est-ce qu'ils sont bavards ces politiques, cela fait deux heures qu'il fait son show. Ils sont infatigables et intarissables ces hommes-là.

— Quand je pense qu'ils se battent pour être élus. Vraiment, je ne voudrais pas de leur vie, dit Marie.

— Moi non plus, mais bon… »

Le portable de Sylvie sonne. Elle est la plus rapide et l'attrape la première.

« Alors ? demande-t-elle.

— On sentait bien qu'il était tendu au début mais, après, il a été très à l'aise.

— C'est tout ? On ne lui a rien demandé ?

— Si, mais il a répondu : « A chaque campagne, tous les hommes politiques sont victimes de diffamations, c'est déplorable. Je resterai fair-play et ne citerai pas de nom, ce ne sont pas mes méthodes. Il a crié plus fort « Ce ne sont pas NOS méthodes ». Il a été très applaudi.

— Oh, Merde ! dit Sylvie pour tout commentaire.

— Ne sois pas défaitiste, le blog était mentionné sur les imprimés ; on va peut-être avoir des commentaires.

— Oui, il nous reste, aussi, encore huit meetings.

— J'aimerais bien qu'il craque avant. Qu'est-ce que c'est chiant !

— Camarade Marc, le reprend Sylvie, on ne dit pas chiant mais pénible.

— Tu as raison, Camarade Sylvie, c'est péniblement chiant ! À demain. Bisous à Marie. »

\*

Marie et Sylvie piétinent à quelques mètres du gymnase.

« Tu en as fait combien, cette fois-ci ? demande Marie.

— Quatre cents, mais là, je me méfie. Je pense que l'on ne va pas pouvoir approcher si facilement. »

Effectivement, elles n'ont que le temps d'en distribuer une cinquantaine lorsque deux policiers s'approchent d'elles pour un contrôle d'identité. Ils sont polis mais déterminés à « faire un contrôle plus approfondi au poste ». Elles montent dans une voiture banalisée et, au commissariat, sont interrogées par un jeune homme qui ne sait pas trop comment s'y prendre avec ces dames, pour le moins aimables, à jeun et très coopérantes.

« Je peux prévenir un ami ? demande Sylvie. Je ne voudrais pas qu'il s'inquiète.

— Allez-y, cela fait partie de vos droits. »

Sylvie prévient Marc qu'elles sont au poste de police pour un contrôle d'identité ; elle profite de ce moment pour photographier, avec son portable, Marie et le jeune policier en pleine conversation.

Étonnamment, le contrôle prend juste le temps du meeting. Elles repartent, à pied, récupérer leur voiture.

« Nous aurons même des photos pour alimenter notre blog. Je sens que cela va plaire, dit Sylvie en caressant son portable. Merveille de la technique, ils sont géniaux ces portables. Regarde comme tu es jolie, ajoute-t-elle en montrant la photo à Marie.

— Tu ne le trouves pas un peu trop jeune pour moi ? demande Marie.»

Elles repartent, bras dessus, bras dessous, dans les rues désertes de Villeneuve.

Après le meeting, Marc va directement chez Sylvie et leur fait un fidèle compte rendu. Les quelques prospectus distribués ont une nouvelle fois obligé le député-maire à se justifier. Contrairement à la veille, il n'a pas parlé de méthodes calomnieuses mais d'incompréhension à la lecture « de ce papier ». Ce soir-là, l'approche se voulait plus légère « Mes collaborateurs mettent tout en œuvre pour élucider ce mystère. Nous allons commencer par vérifier si notre centre hospitalier n'a pas égaré deux de ses patientes ». L'auditoire a semblé moins convaincu, il n'y a eu que quelques rires.

« C'est bon signe, dit Marie. »

Marc hoche la tête plusieurs fois.

« Vous prenez de sacrés risques, toutes les trois.

— C'est possible, dit Marie. Mais à force de mesurer les risques, on a peur de tout et l'on ne fait plus rien. Alors bon, on verra bien. On ne va tout de même pas reculer maintenant, dit-elle en regardant Sylvie.

— Sûrement pas. On va profiter du fait qu'il n'y ait pas de meeting demain pour mettre à jour le blog. On va peut-être avoir des messages, qui sait ? »

Sylvie et Marie ont le nez collé sur l'écran de l'ordinateur.

« Ouille, il en a des amis ce Hillion, dit Marie en grimaçant.

— C'est évident, vu les messages, ce sont ses amis, confirme Sylvie.

— T'as vu celui-là ? Il demande à ce qu'on le contacte. Éric Virlet, ce nom me dit quelque chose.

— On téléphone, on verra bien. »

« Vos infos, Bonjour, dit une voix sucrée de standardiste.

— Heu… Bonjour, dit Sylvie, surprise… J'aimerais parler à monsieur Éric Virlet, s'il vous plaît.

— Ne quittez pas, s'il vous plaît.

— Je me disais bien que ce nom me disait quelque chose, chuchote-t-elle, c'est un journaliste. »

Quatre sonneries plus tard, la standardiste reprend la communication.

« Son poste ne répond pas. Puis-je lui laisser un message ? »

Méthodique, la standardiste note le nom, le numéro de téléphone ainsi que l'objet de l'appel.

« Il vous rappelle dès son retour. Au revoir, Madame ».

Elle n'a pas encore raccroché, que Sylvie entend déjà la voix sucrée prendre un nouvel appel.

« Vos Infos. Bonjour.»

Sylvie referme son portable.

« Bon, maintenant, il ne reste qu'à attendre. À défaut de mari, je vais finir par coucher avec mon portable.

— Dis-toi qu'il ne ronfle pas, c'est déjà ça.

— Toujours le mot pour rire, ma Marie.

— Ben ça, si on te le pique, tu peux toujours en racheter un.

— Merci, Marie, on peut compter sur les amies ; tu sais remonter le moral. »

Marie bafouille.

« Ce n'est pas ce que je voulais dire, hooo. D'ailleurs, à ce sujet, tu as des nouvelles ?

— Merci Marie, d'enfoncer le clou. »

Marie farfouille dans son sac à main.

« Bonbon caramel ou bonbon menthe ?

— Menthe, merci… On n'est jamais à l'abri d'un amant ! »

Elles éclatent de rire en même temps. Marie lève un bonbon en triomphe.

« Quand je te dis que le rire c'est la meilleure thérapie, tu devrais me croire ! »

*

Jacques Hillion repousse la souris de son ordinateur avec colère. Hugues Ancier, installé à côté de lui, reste très calme.

« Tu as vu ce blog ? Et c'est tout ce que cela te fait ! hurle le député-maire.

— Je dis seulement qu'elles vont avoir de graves problèmes.

— Quoi ? Elles vont avoir de graves problèmes ! Tu parles de MA campagne ! Elles vont la foutre en l'air avec leurs conneries.

— Je vais en remettre une couche avec l'avocat. Cela devrait les calmer.

— Non, pas « cela devrait » ! Ma campagne, c'est tout de suite ! Tu te débrouilles avec l'avocat. Tu lui dis que nous allons négocier, qu'il s'agit d'un malentendu, que je suis débordé pour m'en occuper actuellement ; l'objectif est de tenir.

— Entendu… »

La femme du député-maire est devant la porte du bureau depuis un moment déjà. Le dîner est prêt depuis plus d'une heure et c'est la troisième fois qu'elle vient les chercher.

« Vous êtes toujours sur l'affaire Loudet ?

— Oui, toujours, marmonne Jacques Hillion. Cela me casse les pieds. J'ai vraiment d'autres choses à foutre.

— Un petit cours de psychologie féminine, si tu le veux bien, mon Chéri : on ne négocie pas avec une femme déterminée. Elles sont allées trop loin, cela m'étonnerait qu'elles reculent. Je dirais même qu'elles vont aller encore plus loin.

— Elles n'oseront pas, la fustige Hugues Ancier.

— Je ne parierai pas car cela m'embêterait de gagner. »

\*

« Heureusement que c'était la dernière, dit Jocelyne dans un hoquet. »

Elle s'assied dans son lit, secouée par une nausée. Le médecin la regarde, impuissant pour la soulager.

« C'est la dernière, Madame Loudet. Ne vous inquiétez pas, c'est terminé maintenant.

— C'est long pour s'en remettre ? demande Jocelyne, épuisée.

— Il vous faudra, tout de même quelques semaines.

— Quelques semaines, cela fait des mois ?

— Chaque patient est différent, je ne peux rien vous dire de précis.

— Alors, attendons. C'est difficile d'attendre lorsque l'on

ne ressent pas d'amélioration, j'ai plutôt la sensation du contraire. De toute façon, je n'ai pas le choix.

— Je vous laisse vous reposer, vous en avez besoin. Je vais demander à ce que l'on vous apporte vos repas. Vous ne redescendrez au restaurant que lorsque vous vous en sentirez capable.

— Merci, murmure Jocelyne. »

\*

Tous les jours, Jocelyne s'oblige à remonter le lit mécanique un peu plus. Lorsqu'elle s'assoit, la sensation de vertige disparaît après quelques minutes. Elle s'oblige à déglutir ses desserts lactés. Elle s'oblige à imaginer des moments agréables pour fuir ces moments détestables. Elle évite de regarder ses mains décharnées et blanches ; elle ferme les yeux et se revoit dans sa salle de bains, sur la balance, râlant car elle a pris un peu de poids. Cette image lui paraît lointaine, dérisoire.

\*

Aujourd'hui, Jocelyne s'est installée dans son fauteuil. Elle regarde les mésanges qui viennent se promener sur le balcon ; c'est un joli ballet. Elles sont indifférentes à la présence de Jocelyne et s'approchent très près de la fenêtre.

Sa respiration est calme. Ses nausées se faisant plus rares, elle envisage ses journées avec moins d'angoisse. Rester assise plus d'une heure n'est plus un défi. Son corps reprend progressivement d'infimes forces. Elle a refusé, pour le week-end qui arrive, toutes les visites « Cela ne sera agréable ni pour vous, ni pour moi. Je dors pratiquement toute la journée. »

Marc a raccroché le téléphone en terminant par « Bien sûr, Maman. Repose-toi. Je pense très fort à toi ». Sa voix n'a pas dérayé lorsqu'il a dit cela.

Marc ferme les yeux et deux grosses larmes roulent sur ses

joues « Je pense très fort à toi Maman. Je t'aime. »

*

Marc, enfermé dans son bureau, peine à se concentrer. C'est ce moment-là que choisit l'avocat de Jocelyne pour lui téléphoner.

« Bonjour, c'est Maître Castet… C'est… il…

— Oui, je vous écoute. Je vous entends très mal, vous pourriez répéter ?

— Excusez-moi, je suis dans ma voiture et je ne capte pas toujours très bien. Donc je disais qu'il était temps que les amies de votre mère arrêtent leurs bêtises. Cela peut aller très loin, maintenant.

— Écoutez-moi, je vais être très clair. Ma mère va très, très mal. Vous avez bien compris ? Alors, les états d'âme de Jacques Hillion et de son acolyte Ancier, je m'en fous. Je suis clair ? Je vais aller les chercher par la peau des fesses et je vais les emmener la voir ; on verra bien s'ils arrivent à soutenir son regard.

— Je comprends bien, je vous assure, je comprends bien bredouille l'avocat.

— Alors, reprend Marc sèchement, cela m'étonnerait, encore moins aujourd'hui, que quelque chose puisse les arrêter. Et sachez, pour votre gouverne, qu'en ce moment même, elles sont avec un journaliste qui est très intéressé par cette affaire.

— Un journaliste ? répète, interloqué, l'avocat.

— Un journaliste, exactement. Je répète donc ce que je viens de dire : cela m'étonnerait que quelqu'un ou quelque chose puisse les arrêter.

— Effectivement, si ce que vous me dites est vrai, la machine est lancée. L'avocat de Hillion me parlait de négociation. Qu'est-ce que je lui dis ?

— Que la machine est lancée.

— Très bien, je fais suivre. Juste un conseil : n'intervenez pas directement. Cela doit rester une action extérieure à la famille.

— Oui, oui. Merci.»

La tristesse a fait place à la colère ; Marc marche de long en large dans son bureau pour se calmer. Il n'a pas attendu le conseil de l'avocat pour savoir qu'une action émanant de sa part serait considérée comme une action de sa mère et c'est bien pour cela qu'il bout.

*

L'avocat de Jocelyne est annoncé par la standardiste.

« Un appel pour vous, monsieur Coudon, Maître Castet.

— Je prends, merci. Bonjour, Cher Confrère, vous allez bien ?

— Très bien, Cher Confrère, Merci. Je vous appelle au sujet de l'affaire Loudet.

— Oui, j'ai eu justement un appel d'Hugues Ancier, il y a à peine une heure. J'allais vous appeler. Bon, ça va mieux, ils sont bons princes. Ils sont d'accord pour reprendre l'affaire depuis le début et voir quel arrangement il pourrait y avoir. Je prends mon agenda, ne quittez pas, s'il vous plaît. »

Maître Castet attend en souriant, le retour de son confrère.

« Maître Castet ? Oui, excusez-moi, mon agenda était chez ma secrétaire. Donc, je peux vous proposer, le mercredi quinze mai à quatorze heures, cela vous convient ?

— Dans trois semaines, c'est cela ?

— Je ne peux pas faire mieux, je suis désolé. Vous remarquerez, tout de même, que c'est assez rapide, non ? Bon, d'ici là, on peut déjà travailler sur un projet d'accord. Vous voyez avec votre cliente ?

— D'après son fils, que j'ai eu au téléphone, ma cliente est au plus mal. Il me sera difficile d'étudier avec elle un quelconque projet.

— Voyez avec son fils, alors. Il saura défendre les intérêts de sa mère ; il pourra lui soumettre une proposition.

— Il me semble, Cher Confrère, que vous oubliez Mesdames Selonnet et Valbois.

— Je ne les oublie pas ; on aurait du mal à les oublier, d'ailleurs. Mais je suis certain qu'elles verront où est l'intérêt

165

de leur amie, j'ajouterai également, le leur. Une négociation dans une affaire comme celle-ci, c'est une occasion en or, non ?

— Je vais reprendre contact avec le fils de ma cliente. Donc, je lui propose le mercredi quinze mai à quatorze heures.

— Tout à fait, Cher Confrère. On se tient au courant.

— À très bientôt, oui. »

Un drôle de jeu que celui des avocats, stratégie et langue de bois. Aucun des deux n'est dupe mais ils s'en tiennent là.

L'avocat de Jocelyne rappelle Marc dans la minute qui suit.

« Maître Castet. Bonjour, enfin, re-bonjour. Je viens d'avoir maître Coudon qui m'a informé que son client était prêt à revoir le dossier et à trouver un arrangement.

— Des remords ? »

L'avocat ne répond pas à sa question et annonce à Marc la date à laquelle le rendez-vous est prévu pour étudier la négociation. Il attend sa réaction.

« Il nous prend pour des imbéciles ? Un rendez-vous après les élections ?

— Je suis d'accord avec vous, ils essaient de gagner du temps. Je suis d'avis que vous acceptiez ce rendez-vous, même s'il est dans trois semaines. Il est important de séparer l'action de votre mère de celle de ses amies.

— Je ne trouve pas cela très sain.

— Qu'est-ce qui est sain ? Il s'agit d'une action de justice, voyez cela comme une stratégie. Proposer un rendez-vous après les élections, c'est de la stratégie, non ? L'accepter entre dans le même esprit.

— Vous savez très bien que cela ne changera rien à la détermination des amies de ma mère.

— Moi, je le sais. Eux tentent leur chance. »

Marc hésite.

« Très bien, acceptez le rendez-vous.

— Au fait, comment s'est passé leur rendez-vous avec le journaliste ? demande l'avocat.

— *A priori*, bien. Il va contrôler les informations.

— Rapidement ?

— Il n'a rien dit de plus. Il contrôle et après, il les tient au courant.

— Et il demande aussi l'avis du rédacteur en chef ?

— C'est possible, pourquoi dites-vous cela ?

— Les médias sont sélectifs, c'est tout. Nous sommes en pleine campagne et les journaux choisissent aussi leur candidat, même si cela n'est pas évident pour le citoyen moyen.

— Oui, c'est vrai. Je n'oublie surtout pas que nous n'avons que quinze jours.

— Oui, que les amies de votre mère ont quinze jours, reformule l'avocat. Je rappelle maître Coudon. Mes amitiés à votre mère.

— Je n'y manquerai pas. Au revoir et merci. »

*

Sylvie et Marie échangent leurs impressions suite au rendez-vous qu'elles ont eu avec le journaliste.

« Plutôt sympathique, dit Marie.

— Plutôt, oui. On verra bien ce qu'il va faire.

— Oh, oui, j'ai oublié de te dire que Valérie et deux de ses copains viennent nous aider à distribuer les prospectus ce soir. Elle a eu une bonne idée : faire une pétition. Qu'en dis-tu ?

— C'est pas bête du tout ; il faudrait peut-être la présenter plus comme un soutien qu'une pétition.

— À mon avis, on aura du mal à faire signer les gens car ce sont ses sympathisants qui viennent assister à ses meetings.

— Mais attend, c'est vrai ! On s'adresse à ses sympathisants, qui ne sont pas prêts à nous croire, mais si on s'adresse à l'opposition. Ils seront sans doute plus disposés à nous écouter, non ?

— Il a un meeting, l'autre, ce soir ?

— L'autre, c'est une femme. Elle s'appelle Michèle Aumelas. Elle a un meeting dans l'autre gymnase, près de la piscine, vers dix-huit heures. Le meeting de Hillion est à vingt heures trente, à l'autre bout de la ville. C'est fou ce que tu t'intéresses à la politique, ajoute Sylvie.

— J'ai du mal à les différencier, je dois avouer. J'en suis réduite à voter pour la démocratie, pour te dire mes convictions. Ceci étant, je suis prête à devenir militante pour un parti qui mettra l'économie au service de l'humain et pas le contraire.

— Bon allez, on va commencer par notre nouvelle amie Michèle et on retourne voir notre vieux pote Jacques.

— Quelle soirée ! »

Marie sort son portable de son sac.

« Organisation, organisation… J'appelle Valérie et toi tu appelles Marc. »

*

Débriefing à une heure du matin chez Jacques Hillion. Adeline les attend, dans le salon, en lisant un roman. La discrétion des deux hommes est telle qu'elle doit intervenir pour rappeler que les enfants dorment.

« Tout s'est bien passé ? demande-t-elle.

— Dans l'ensemble, pas trop mal. Mais il y a toujours ces deux folles qui distribuent leur papier, dit Jacques.

— Quand je vous disais qu'elles ne lâcheraient pas.

— Vas-y, donne-nous encore un cours de psychologie féminine, ironise son mari.

— Avec plaisir. »

Adeline quitte son sourire chronique.

« Laissez tomber, elles ont des couilles ces femmes. Vous allez perdre. »

Le mot couille, dans la bouche d'Adeline, laissa les deux hommes pantois. Figé dans son fauteuil, Jacques la regarde, ahuri.

« Ma Chérie…

— Eh bien là, au moins, tu vas réagir. Tu ne peux pas lui foutre la paix à cette Loudet. Elle est malade, tu sais ce que cela veut dire ? Bonne nuit Messieurs. »

Dès qu'Adeline est sortie, Hugues Ancier intervient.

« Ne l'écoute pas, c'est ce que l'on appelle la solidarité féminine. »

Jacques Hillion a un mouvement d'humeur et renverse son dossier. Toutes les feuilles sont pêle-mêle sur le tapis.

« C'est pas vrai ! rage-t-il. »

Hugues Ancier ne bouge pas, n'esquisse aucun mouvement pour aider le député-maire. Jacques relève la tête et leur regard met fin à une collaboration longue de cinq années.

Jacques Hillion retrouve son sang-froid. Il range calmement les feuilles dans le dossier puis se retourne vers son collaborateur.

« Je pense que tu as d'autres choses à faire que traiter ce dossier Loudet. Je m'en occupe à compter de maintenant.

— Très bien. ».

Hugues Ancier se relève lentement de son fauteuil et remet en silence son imperméable. Debout, les mains dans les poches, Jacques Hillion attend pour le raccompagner. Les mâchoires serrées d'Hugues Ancier annoncent une phrase assassine, le député-maire le connaît bien.

« Tout compte fait, je suis d'accord avec ta femme : elles, elles ont des couilles... »

*

Les conversations téléphoniques de Jocelyne sont brèves. Sa voix altérée laisse désolés ses interlocuteurs. Elle persiste à ne vouloir aucune visite ; elle est dans son monde et le combat qu'elle mène requiert toute son énergie.

Son état de fatigue est tel que le docteur Audrieu envisage une hospitalisation.

« S'il vous plaît, dit Jocelyne. Je vous propose d'attendre juste deux, trois jours. Ça va aller mieux, je vous assure.

— D'accord, trois jours maximum... Au maximum insiste-t-il.

— Trois jours, oui, dit Jocelyne dans un souffle. Ne vous inquiétez pas, on va y arriver. »

Le médecin est ému par le courage de Jocelyne. C'est elle qui lui dit de ne pas s'inquiéter, comment ne pas la suivre. Il se racle la gorge pour se donner bonne contenance et reprend le dossier médical.

« On va y arriver, moi aussi j'en suis persuadé.

— Cela vous ennuierait de relancer le CD ? La musique me fait du bien.

— Bien sûr. »

Il s'approche du lecteur et tient la pochette du CD dans les mains.

« Concerto pour violons, dit-il à haute voix. »

Il appuie sur la touche « play » de la mini chaîne.

Le violon se promène dans la chambre et berce Jocelyne ; elle ferme les yeux. Le médecin bouge à peine ; il se laisse lui aussi envelopper par la musique.

Il regarde Jocelyne qui maintenant sourit mais dont les yeux ont laissé échapper des larmes qui glissent lentement sur ses joues. Il sort de la chambre et referme la porte avec délicatesse.

*

Le docteur Audrieu travaille dans son bureau depuis qu'il est revenu de ses consultations. La paperasserie l'attend depuis plusieurs jours et s'empile. La sonnerie du téléphone le sauve d'une déclaration dont il n'a compris, jusqu'à présent, que le titre.

« Docteur Audrieu, j'écoute.

— Bonjour Docteur, dit une voix féminine. J'espère que je ne vous dérange pas.

— Non, allez-y, je vous en prie. Que puis-je pour vous ?

— Je suis une cousine de Jocelyne Loudet et j'aurais souhaité avoir de ses nouvelles. Son fils m'a dit qu'elle n'était vraiment pas bien.

— Effectivement, elle est très fatiguée. Elle a subi une chimiothérapie lourde et elle s'en remet avec peine. Je suis désolé, mais je suis contraint au secret médical, je ne peux vous en dire plus.

— Ce n'est pas… je l'espère… désespéré, reprend la voix féminine.

— Non, bien sûr. Il faut laisser du temps au temps. Si vous souhaitez la contacter, préférez le courrier au téléphone ; c'est très agréable de recevoir une pensée écrite.

— Oui, vous avez raison. Merci Docteur, au revoir.

— Au revoir.»

« Zut, je n'ai pas demandé son nom, se dit-il en raccrochant… Ce n'est pas grave, madame Loudet saura bien qui c'est ».

Cette communication téléphonique n'a duré que quelques secondes mais c'est juste le temps nécessaire pour permettre au médecin de repousser au lendemain ses corvées administratives. Il referme la porte de son bureau à dix-neuf heures, fermement décidé à profiter de cette soirée.

*

Dans le renfoncement d'une porte, Éric Virlet, le journaliste, attend patiemment le début du meeting. Il regarde les trois femmes assises au premier rang et les reconnaît. Marie Selonnet, Sylvie Valbois et Adeline Hillion. Sans comprendre ce qui se trame, il arme son appareil photo, zoome les trois femmes et les mitraille. Il ne sait pas quelle tournure va prendre cette affaire, mais il est certain d'avoir son article.

Il ne s'est rien passé la veille… Jacques et Hugues plaisantent, se frottent le dos réciproquement et abordent ce meeting avec des sourires confiants. Adeline, dont les dents blanches mettent en valeur son rouge à lèvres, ou bien le contraire, se lève de manière régulière pour aller saluer des connaissances. Les acteurs sont en place. Le spectacle peut commencer. Jacques Hillion adresse un signe de tête, un peu raide, à Marie et Sylvie. Il regarde sa femme avec insistance et se demande s'il a pris la bonne décision. Adeline le fixe également et ses yeux éloquents le rassurent.

C'est bien connu, les acteurs ont toujours le trac durant les premières minutes de scène. Jacques Hillion ne fait pas exception à la règle. Quelques banalités, quelques toussotements, la présentation des lignes directrices et il entre dans le rôle. Il est concentré, fait de grands gestes tout en se déplaçant sur l'estrade.

Marie sourit. Elle s'attend à voir des Pom Pom girls sortir de derrière les rideaux et les enfants de Jacques Hillion lui sauter dans les bras. Une heure se passe : il n'y a ni Pom Pom girls, ni enfants. Le député-maire n'a toujours pas abordé le sujet qui justifie sa présence, sur cette chaise inconfortable de jardin. Elle pense à Jocelyne « On t'aime, ma Jo, pour supporter des trucs comme ça ».

Sous ses airs de femme conquise par le discours passionné de son mari, Adeline Hillion attend elle aussi qu'il aborde le sujet de Jocelyne Loudet. Elle n'est pas très friande de ces meetings où son mari répète en public ce qui lui a dit cent fois en privé, mais ce soir, elle a tenu à être là. C'est elle qui les a contactées. C'est elle qui leur a proposé un marché. Elle guette le regard de son mari afin de lui rappeler la présence de Marie et Sylvie ; il la regarde, elle fait un petit geste ; il comprend.

Aborder ce sujet à brûle-pourpoint n'est pas judicieux et, tout comme un bon disc jockey, il baisse le son, referme son dossier, met ses deux mains de chaque côté du pupitre et propose d'ouvrir la session « Questions/Réponses ». Il y aura bien une personne qui demandera des explications sur ces foutus prospectus et ce blog. Une demi-heure plus tard aucune question sur Jocelyne Loudet ; Jacques Hillion s'impatiente, il voudrait bien se débarrasser de cette histoire.

Éric Virlet a du flair. Son appareil photo est sur le qui-vive. Il traque chaque bruit, chaque commentaire, chaque visage ; il attend lui aussi la question.

Une vieille dame, au milieu de la salle, se lève et met sa canne en l'air pour obtenir la parole.

« Bonjour Monsieur le député-maire. Je m'appelle Roseline Roubion et j'aimerais vous poser une question sur un document dont je n'ai pas très bien compris le sens. C'est une sombre histoire de procès, de femme malade… »

Jacques Hillion se redresse.

« Bonjour Madame. Je veux déjà commencer par vous remercier d'être venue. Je suis d'accord avec vous, ce document mérite d'être éclairci. Cette sombre histoire est le résultat d'un malentendu.

— En effet, je vais vous l'expliquer. »

L'appareil photo d'Éric Virlet alterne entre Marie, Sylvie, la vieille dame et Jacques Hillion. Ce dernier affermit sa voix et reprend.

« La Dame dont vous parlez, s'appelle Jocelyne Loudet. Nous avions effectivement entamé une procédure judiciaire car cette personne n'avait pas honoré un contrat et ce, sans justification. »

Sylvie et Marie se raidissent et foudroient du regard le député-maire. Il s'en rend compte et fait un discret geste d'apaisement.

« Je précise, sans justification, à ma connaissance. Sans vouloir entrer dans des considérations techniques, il s'agissait d'un contrat portant sur un système informatique. »

« Blog politique, système informatique… ». Le député-maire exaspère Marie ; Sylvie exerce une légère pression sur son bras pour lui signifier d'attendre la fin.

« Il s'est avéré, par la suite, que cette femme était malade. Dès que j'en ai eu connaissance, nous avons abandonné toute poursuite à son encontre. Le document que vous avez entre les mains, Madame, est vrai, mais il est incomplet. »

Il ouvre le dossier posé sur le pupitre, en sort deux feuillets. Il en présente un vers le public.

« Ce premier courrier émane de Maître Coudon, qui était en charge de cette affaire. Ce courrier stipule que toutes les charges sont abandonnées compte tenu de l'état de santé de madame Loudet. Le deuxième courrier, celui-ci, dit-il en changeant de feuille, est une copie de la lettre que j'ai adressée personnellement à madame Loudet, en lui présentant tous mes vœux d'un prompt rétablissement. »

Il range les documents dans son dossier.

« Ces documents sont bien évidemment à la disposition de tous ceux qui souhaitent les consulter. J'espère que, ce soir, nous aurons mis fin à ce désagréable malentendu. »

La vieille dame lève une nouvelle fois sa canne pour prendre la parole.

« Merci, Monsieur le député-maire. Je me disais bien aussi que vous ne pouviez pas faire une chose pareille. Pas vous, Monsieur Hillion, pas vous.»

Un meeting très réussi. Jacques Hillion est applaudi, félicité et encouragé par ses sympathisants. Il entoure les épaules de sa femme d'un geste politiquement tendre. Presque malgré elle, Adeline Hillion regarde avec amitié ces deux femmes qui se frayent un passage dans la foule, pressées de sortir.

« Madame Hillion ?

— Oui, excusez-moi, Madame Grasset, je ne vous avais pas vue.

— Je vous demandais si vos enfants allaient bien ?

— Ils sont en pleine forme ! L'aîné, Aubin, est tout le portrait de son père, un vrai battant ! »

Marie et Sylvie jouent des coudes pour sortir du gymnase. Elles s'arrêtent quelques mètres après la sortie. Sylvie, les mains sur les hanches, se tourne vers Marie.

« Bon, on a gagné, non ?

— Il me semble, oui, confirme Marie.

— Un peu que l'on a gagné ! Tu n'as pas l'air content, c'est une impression ?

— Si, je suis contente, mais parfois ce monde me désespère. »

Marie se reprend, sourit et provoque Sylvie.

« Allez, je ne vais pas faire la trouble-fête… La dernière qui arrive à la voiture, paye le resto ! Go !

— Tu triches ! J'ai des talons !

— Eh oui, ainsi va le monde ! crie Marie en s'élançant. »

*

Jocelyne raccroche le téléphone « Comment ont-ils fait cela ? ». Marc n'a rien voulu dire de plus.

« On vient te raconter tout cela dans le détail ce week-end. Enfin, si tu n'es pas trop fatiguée, bien sûr.

— Ça ira, ne t'inquiète pas. »

*

Les heures s'étirent interminablement. Depuis qu'Hélène est partie, Jocelyne se sent seule. Elle n'arrive pas à se départir de cette angoisse latente qui semble avoir pris possession d'elle. Le moindre bruit la fait sursauter ; elle n'arrive plus à dormir sans veilleuse. Elle sent remonter en elle une peur intrinsèque et irraisonnée.

Sa nouvelle amie, c'est la photo de Valérie, qu'elle a baptisée Madeleine. Elle sourit tout le temps Madeleine ; ses grosses lunettes rondes, dessinées par Marie, reposant sur un nez inexistant, lui donnent une allure d'intellectuelle des années soixante-dix.

Elles ont, entre elles, un dialogue silencieux ; Madeleine la protège. Lorsque Jocelyne pleure, Madeleine lui rappelle que ce n'est qu'une parenthèse, elle lui dit aussi que tous les jours elle va de mieux en mieux.

*

Jocelyne reprend peu à peu sa respiration. L'angoisse semble être passée. Elle reste figée dans son fauteuil ; elle guette le moindre bruit. Elle appelle Madeleine à son secours.

« J'ai peur, Madeleine... J'ai peur.

— *Tu es en sécurité ici. De quoi as-tu peur exactement ?*

— Je ne sais pas. J'ai l'impression de retrouver mes angoisses de petite fille. Je me souviens, je dormais toujours avec une lampe de poche ; je n'ai quitté cette habitude que lorsque je me suis mariée.

— *Tu es restée petite fille longtemps, alors, fait remarquer Madeleine.*

— À croire que je le suis restée, c'est exactement l'angoisse que je ressentais lorsque j'étais enfant. Je ne sais pas pourquoi elle est revenue. »

Chaque fois que Jocelyne dit « Je ne sais pas », Madeleine se tait. Jocelyne remonte dans le temps.

« J'ai quatre, cinq ans ? Papa et Maman vont chez des amis, ils ont demandé à la fille de la voisine de me garder. Ce n'est pas la première fois qu'elle vient et j'ai peur. Elle fait toujours semblant d'être gentille quand les grands sont là, mais après, elle crie et fait exprès de me faire pleurer. La dernière fois, elle a éteint les lumières et elle s'est cachée derrière le fauteuil. Elle m'a sautée dessus en criant ; j'ai hurlé et j'ai fait pipi dans ma culotte. J'ai voulu me cacher pour ne plus la voir mais elle me trouvait tout le temps. J'ai pleuré jusqu'à ce que mes parents arrivent. Ils n'étaient pas contents car je n'avais pas été gentille avec elle. »

Ce souvenir en ramène un autre. Elle respire bruyamment et tente de se calmer.

« J'ai sept, huit ans ? Je porte mon pyjama préféré. Ce n'est pas un pyjama de fille mais j'ai tellement insisté que Maman a cédé.

« C'est un pyjama de garçon, ma Chérie. Regarde c'est Zorro qui est imprimé et en plus, il est bleu !

— Je sais Maman, mais j'aime bien Zorro ; il est fort. »

Maman éteint, tous les soirs, la lumière de ma chambre car elle dit que je suis une grande maintenant. Je suis grande, d'accord, mais j'ai quand même un petit peu peur. Alors, j'ai une lampe de poche que je cache dans mes jouets. Après le départ de Maman, je vais la chercher et la mets sous mon oreiller.

« Crac ! »

Un bruit sourd l'a réveillée en sursaut. Elle sort précipitamment sa lampe et braque la lumière en direction de la fenêtre ; tout en tremblant, elle fait glisser le rai de lumière sur les rideaux.

« À trois, je pars… Un… Deux… Trois ! »

À ce souvenir, Jocelyne ferme les yeux avec crispation et resserre ses épaules. Elle s'entend hurler en descendant les escaliers.

« Maman ! Maman ! Au secours ! »

La porte de la chambre de sa mère est fermée et elle frappe

désespérément. Confusément, elle se souvient de bruits précipités dans la chambre ainsi que de la voix de sa mère.

« J'arrive ma Chérie, j'arrive ! »

Prostrée, dos à la porte, elle attend. Sa mère ouvre la porte et le corps de Jocelyne s'effondre à l'intérieur de la chambre. Sa mère la prend dans ses bras et tente de la rassurer.

« Doucement ma Chérie, Doucement... Ne t'inquiète pas, je suis là. Que s'est-il passé ? »

Toujours terrorisée, Jocelyne ne répond pas. Ses yeux font le tour de la pièce et elle retient sa respiration. Son regard s'arrête sur la porte-fenêtre qui est ouverte ; elle baisse les yeux et voit des clés sur le sol.

Jocelyne lève les yeux vers sa mère.

« Il faut faire attention, Maman. Il a oublié ses clés, il va revenir...

— Je... Là... Heu... »

La mère de Jocelyne bafouille tout en regardant les clés. Elle se ressaisit.

« Tu parles des clés qui sont par terre ?

— Oui.

— Mais ce sont les clés de la maison de Madame Amange, ma Chérie ; elle est partie en vacances et elle me les a laissées. Elles ont dû tomber de ma poche en me déshabillant. Qu'est-ce que tu as comme imagination ! Allez, calme-toi. Je te raccompagne dans ta chambre et on va se faire un gros câlin.

— Je ne veux pas dormir dans mon lit, j'ai peur.

— C'était un cauchemar. Il ne peut rien arriver, je suis là.

— Tu laisseras la porte de ta chambre ouverte ?

— Oui, mon Amour, je te le promets ; plus jamais je ne fermerai la porte de ma chambre, plus jamais... »

Son souvenir s'arrête là. Jocelyne, cinquante-deux ans, est de retour dans sa chambre. Madeleine, en silence, la regarde. Jocelyne esquisse un sourire et hausse les épaules.

« *Pourquoi souris-tu ? demande Madeleine.*

— Je souris parce que j'ose le penser.

— *Tu oses ?*

— Oui, j'ose… Il s'agit de ma mère, tu sais.

— *Oui, d'une femme, qui est ta mère.*

— Avec le recul, je me rends compte qu'elle m'a consacré toute sa vie. Exceptée cette fois là où, semble-t-il, elle recevait un amant, je ne me souviens pas l'avoir vue avec un autre homme que mon père. Et de mon père, j'ai bien peu de souvenirs.

— *Tes parents étaient séparés ?*

— Mon père était géomètre et voyageait beaucoup. Il venait régulièrement à la maison puis de manière de plus en plus espacée. Jusqu'au jour où il n'est plus jamais revenu, je devais avoir environ six ans, la dernière fois que je l'ai vu.

— *Plus jamais revenu ?*

— Plus jamais. Ma mère m'a élevée seule entre son amour pour moi et sa haine pour mon père. J'avais essayé plusieurs fois de lui demander où il était, pourquoi il ne revenait pas, des photos… À chaque fois, je la sentais se crisper et elle me répondait invariablement « Il n'existe plus. Oublie-le, il n'en vaut pas la peine ». Je ne me souviens plus quel a été le déclencheur mais lorsque j'ai enfin compris que je ne le reverrai plus, j'ai commencé à avoir peur. Pendant longtemps je me suis réveillée la nuit en pleurant.

— *Tu n'as jamais parlé de ton chagrin à qui que ce soit ?*

— Non, c'était interdit.

— *Mais qui te consolait, alors ?*

— Personne. J'ai appris à vivre avec puis à l'occulter.

— *Aucune info ? Pas un papier ? Pas une photo ?*

— Non, rien du tout, pendant très longtemps. Quand j'ai rencontré Serge, cela m'a de nouveau perturbée. J'ai un peu honte de le dire mais j'ai profité de l'absence de ma mère pour fouiller dans ses papiers. Je n'ai pas trouvé grand-chose, juste de quoi commencer des recherches : deux photos et un jugement de divorce dans lequel figurait l'adresse de mon père. Le jugement précisait que le divorce était prononcé aux torts exclusifs de mon père et que ma mère avait ma garde. Ma mère me disait toujours que l'on n'avait pas de famille. C'était vrai pour elle mais pas pour mon père. L'adresse que j'avais était celle de son frère qui habitait à Lille. Par la suite, j'ai vérifié et il y habitait toujours. »

Jocelyne reste silencieuse un long moment, lointaine. Elle reprend son monologue d'une voix blanche.

« Elle est curieuse la vie… J'avais pris mes billets de train, réservé l'hôtel et voilà que… »

Jocelyne secoue la tête.

« Cela m'est difficile d'en parler. Cela a été si rapide, si brutal… »

Elle s'arrête et déglutit pour dénouer sa gorge.

« J'ai même pas pu lui dire au revoir. Elle s'est tuée dans un accident de la route… Elle s'est encastrée dans un camion… Même ça, je ne sais pas si c'est un accident… Je me suis sentie une nouvelle fois abandonnée… Les mois qui ont suivi ont été très durs. Tous ces papiers, la vente de la maison et toutes ces questions qui resteraient à jamais sans réponse. »

Jocelyne fait une pause et essuie ses larmes.

« C'est là que j'ai décidé d'arrêter les recherches sur mon père. J'avais la sensation de trahir ma mère. Après je me suis mariée avec Serge et tu connais la suite. J'ai l'impression d'avoir passé ma vie à colmater des brèches affectives… Tu colmates d'un côté et tu constates une fissure ailleurs. Une construction sur des sables mouvants… »

Jocelyne se redresse dans son fauteuil et réajuste sa robe de chambre.

« Je suis ridicule Madeleine. J'ai l'air d'une gamine. Un peu vieille la gamine, non ?

— *En chacun de nous sommeille un enfant qui attend d'être consolé.*

— Il faut tout de même relativiser, tous les enfants ne vivent pas ce que j'ai vécu, c'est même parfois bien pire. Regarde mon fils, il est loin d'avoir vécu ça, même si Serge et moi avons divorcé.

— *Bien sûr, les blessures peuvent être plus ou moins profondes. Mais quel enfant n'a pas été un jour rabroué car il était trop tonique, pas assez studieux, trop bavard. Des moments où il n'a pas été écouté… Des évènements, aussi, dont les parents n'ont pas eu connaissance.*

— Oui, mais ça, c'est la vie. Les meilleurs parents du monde n'y échappent pas. Nous ne sommes que des humains.

— *Je ne dis pas le contraire.*

— Alors, c'est insoluble. C'est un constat. Il ne reste qu'à accepter, on ne peut pas refaire le passé.

— *Là, je ne partage pas ton avis. Cet enfant est toujours en toi. A toi d'aller le consoler, le rassurer.*

— Ouille ! Madeleine. J'ai quitté mes jupes plissées et mes socquettes depuis un moment déjà.

— *Il ne s'agit pas de redevenir l'enfant que tu as été mais justement d'aller le voir, toi, en tant qu'adulte, pour le consoler et le rassurer.*

— Et cette prouesse, tu la réalises comment ?

— *Sers-toi de ton imagination. Sers-toi de tes émotions. Rien qu'en parlant de ton enfance tu as pu faire ressurgir en toi toutes tes émotions d'enfant. Vas-y, imagine. Imagine avec ton cœur ce que tu aurais aimé entendre, lorsque tu étais malheureuse, et dis-le. Imagine ce que tu aurais aimé recevoir et offre-le. Aime la petite fille que tu as été comme tu aurais voulu être aimée.*

— N'est ce pas une manière de renier mes parents ?

— *Il ne s'agit pas de renier tes parents. Ils ont fait ce qu'ils ont pu avec ce qu'ils étaient. Réfléchis... Qui, mieux que toi, connaît les mots et les gestes que tu aurais aimé recevoir... Il n'y a que toi.*

— Oui... Je comprends ce que tu veux dire... Je ne sais pas par quel bout commencer.

— *Ferme doucement les yeux. Respire calmement, profondément. Laisse ton corps se détendre, ton mental s'apaiser. Lorsque ton mental s'apaise, les pourquoi et les comment disparaissent. Imagine simplement un décor ou bien encore fais revenir un souvenir et entre en scène. Parle à la petite Jo. Rassure-la, cajole-la. Laisse parler ton cœur. »*

Des larmes, des sourires, quelques mouvements imperceptibles des mains. Jocelyne est dans son monde intérieur ; Madeleine l'accompagne. Un peu en retrait, elle assiste à cette rencontre émouvante.

Quelque peu réticente au début, l'enfant se laisse peu à peu approcher.

La voix de Jocelyne est douce. Elle ne choisit pas ses mots, ils viennent naturellement. Ces mots, sont ceux que l'enfant attendait. « Je suis là. Je t'aime. ». Puis les mots deviennent inutiles, elles sont simplement là, enlacées... Elles fusionnent.

*

Les heures passent, entre somnolence et éveil. Jocelyne regarde ses mains décharnées, ses ongles noircis sur une peau trop blanche. Seul son petit doigt droit semble avoir résisté à ce raz-de-marée. Miraculé de la chimio, elle le regarde avec tendresse. Elle se revoit, à l'auberge, dire à Marie : « J'ai une sorte de dissociation entre mon corps et mon esprit »

« Dis-moi Madeleine, suis-je folle ?

— *C'est une manière de voir les choses.*

— Tu sais, ma Madeleine, si l'on savait le millième de ce qui se passe dans ma tête, on me prendrait pour une folle ; tu sais, de ces gens qui ont des dédoublements de personnalité.

— *Là, je peux te rassurer. Il ne s'agit pas d'un dédoublement de personnalité mais d'une même personnalité qui prend conscience de ce qu'elle est. C'est complètement différent.*

— Suis-je plus ou moins folle que les autres ?

— *Se voir ne veut pas dire se comparer.*

— Je suis fatiguée, Madeleine, chuchote Jocelyne, fatiguée... »

Jocelyne sombre à la fin de sa phrase et se promène dans ses rêves. Un homme grand, coiffé d'une casquette et vêtu d'une chemise à carreaux rouges, tond une pelouse. La seule couleur de son rêve est celle de cette chemise. Elle voit sa mère, à la porte-fenêtre de sa chambre, le regarder. Jocelyne, dans son pyjama de Zorro, se dirige vers l'homme. Arrivée à sa hauteur, elle lève les yeux ; l'homme a un visage flou. Elle ne voit que son sourire mais l'entend lui parler distinctement « Mais que fais-tu là ? Retourne te coucher ». Jocelyne, dans une semi-conscience, tente de prolonger son rêve ; elle veut voir le visage de cet homme ; elle lève la tête et elle lui demande « Et toi, que fais-tu là ? ».

« Moi, ce que je fais là ? dit en riant le docteur Audrieu, je venais voir si tout allait bien. »

Jocelyne ouvre les yeux et regarde le docteur qui est planté devant elle. Pour toute réponse, Jocelyne marmonne :

« Quel rêve... C'est incroyable les rêves. On a vraiment l'impression de les vivre.

— C'était un joli rêve, j'espère.

— Un rêve, répond de manière évasive Jocelyne.

— Et bien moi, pour répondre à votre question « Qu'est-ce que je fais là », je viens vous voir pour une bonne nouvelle. Vos résultats se sont nettement améliorés ; vous n'aurez pas besoin d'être hospitalisée.

— Ouf, dit Jocelyne. Cela me fait plaisir. Je me voyais déjà à l'hôpital.

— Vous pouvez changer le décor. Vous restez ici, vous reprenez des forces et dans deux ou trois semaines vous êtes de nouveau chez vous. Je crois que nous venons d'essuyer le gros de l'orage. »

Le mutisme de Jocelyne laisse le docteur Audrieu perplexe.

« Physiquement, Madame Loudet, vous êtes épuisée et c'est normal. Mais il me semble... que psychologiquement vous n'avez pas l'air bien. Je me trompe ?

— Je me sens vidée, ni mal, ni bien... vidée. J'ai la sensation de ne plus avoir aucune volonté, d'être spectatrice de ma vie.

— Vous n'êtes pas spectatrice mais actrice de votre vie.

— C'est vrai, mais disons que, lorsque l'on voit notre vie des coulisses, elle prend une autre dimension. »

Surpris par cette réponse, le docteur Audrieu baisse la tête et change de conversation.

« Votre fils vient ce week-end ?

— Oui, il vient samedi. »

Moins inquiet, sans être pour autant totalement rassuré, le médecin quitte Jocelyne en lui souhaitant une bonne journée.

Jocelyne fait la grimace et regarde Madeleine.

« Aïe, j'aurais dû me taire ; il m'a prise pour une folle.

— *Folle ? Non. Il pense que tu fais une dépression.*

— Je le comprends. Entendre dire qu'une personne est spectatrice de sa vie… C'est pas… Heu… courant.

— *Et toi, tu penses vraiment être spectatrice de ta vie ?*

— C'est un peu confus, je dois avouer. Maintenant que je me pose, pardon, que tu me poses, la question…

— *C'est pareil, l'arrête Madeleine, continue.*

— Je me demande si l'on peut être acteur et spectateur de sa vie.

— *Pourquoi n'utilises-tu pas ton jeu favori, la Dicothérapie ? »*

Jocelyne tourne la tête vers la table et soupire en voyant le dictionnaire si loin.

« Je n'ai pas le courage de me lever, tant pis. Je vais tâcher de faire fonctionner ce qui me reste de cerveau. Acteur, acteur, répète Jocelyne. Rien que de dire ce mot, je m'imagine sur une scène de théâtre. Scène 2, Acte III. : - Jocelyne est malade et se lamente dans un fauteuil d'une maison de convalescence - Elle parle toute seule et sent la folie la submerger - .

— *Tu es très mauvaise en tant que metteur en scène. À mon tour : S'il vous plaît ! On refait la prise, celle-ci n'est pas bonne ! Scène 2, Acte III – Deuxième. – Jocelyne se remet de sa chimiothérapie et est installée dans un fauteuil d'une maison de convalescence. Quoique, a priori, passive, elle n'a jamais aussi bien interprété son rôle.*

— Le metteur en scène est bien moqueur, fait remarquer Jocelyne. Je n'ai jamais eu le cerveau dans un tel état.

— *Détends-toi, propose Madeleine. Recommence.*

— Bon, je reprends. Jocelyne végète dans un fauteuil. Elle discute avec elle-même et elle devient folle.

— *Décidément, tu es un mauvais metteur en scène, l'interrompt Madeleine. C'est encore une mauvaise prise ; on recommence : le corps de Jocelyne lui rappelle qu'elle n'a pas bougé depuis plus d'une heure ; elle se redresse afin de dégourdir ses épaules. Elle a oublié ce corps qui lui permet de vivre, qui réclame son dû de mouvements et d'attentions. »*

Après une toilette sommaire, Jocelyne s'est réinstallée dans le fauteuil. Elle frotte ses mains bleuies par le froid, pour les réchauffer. Elle lève et baisse ses pieds dans un mouvement lent et mécanique. Ses bras prennent appui sur les accoudoirs mais elle hésite à se hisser.

*« Allez, grand-mère, la taquine Madeleine. Lève-toi et marche !*

— Je veux me réincarner en photo, râle Jocelyne, c'est moins fatigant !

— *Avant de parler de réincarnation, ce qui n'est pas pour demain, commence par réveiller ton corps tout rabougri.*

— Je ne te permets pas ! Il n'est pas rabougri, il est fatigué, le pauvre !

— *D'accord, d'accord. Regarde dehors comme il fait beau. Profites-en pour aller le promener, il sera content. Je te rappelle que ton fils vient ce week-end et que tu n'es pas au top de ta beauté.*

— Grr, marmonne Jocelyne pour toute réponse. »

Dans son jogging, bien trop grand pour elle maintenant, elle se dirige lentement vers la porte. Elle jette un dernier regard vers la photo de Valérie.

« Si je tombe, tu vas m'entendre !

— *Tais-toi et avance.*

— Grr. »

Jocelyne marche doucement, avec d'infinies précautions. De banc en banc, elle est arrivée à celui qu'elles avaient élu, Hélène et elle. Elle se remémore leurs conversations. Hélène lui manque.

Jocelyne retourne chancelante dans sa chambre. Elle retire ses chaussures et s'étend sur son lit.

« *Hé bien, pour une personne qui n'avait pas envie de se lever, tu es tout de même sortie pendant près d'une heure.*

— Silence, le metteur en scène, je dors... »

Recroquevillée sur son lit, Jocelyne s'est endormie pesamment. Ses jambes s'agitent et son visage se crispe. Elle se réveille en sursaut, se remet sur le dos. Ses yeux sont grands ouverts ; elle fixe le plafond.

« Tu n'imagines pas, Madeleine, ce que j'ai rêvé !

— *Je ne sais pas, en effet, mais tu courais vite en tout cas.*

— J'étais dans la rue et ce sale type de Ancier me courait après en hurlant « Espèce de salope ! » ; il voulait me tuer !

— *En effet, ce n'est pas un rêve, c'est un cauchemar.*

— Un peu oui ! Ce sale type qui me traite de salope. Le pire, surtout, c'est que je suis sûre qu'il le pense.

— *Tu as raison.*

— Tu te rends compte, tout de même ? Ce type se permet de me traiter de salope, il se prend pour qui ?

— *Tu as raison, c'est un sale type.* »

En colère Jocelyne se lève de son lit et se dirige vers la fenêtre.

« Pauvre type, répète-t-elle, pauvre type.

— *Tu as raison, en effet, c'est un pauvre type.*

— Et toi, arrête de me dire que j'ai raison ! J'ai raison oui ! Tu ne vas pas me dire qu'il est sain cet homme. C'est un roublard, un égoïste, un…

— *Ne t'énerve pas, je dis que tu as raison.*

— Tu dis que j'ai raison mais… ça sonne faux.

— *Veux-tu que je te le chante ?*

— Oh, arrête, s'il te plaît, je suis en colère, c'est tout.

— *N'as-tu pas obtenu gain de cause, grâce à ton fils et à tes amies ?*

— Si, bien sûr. Je ne sais pas comment ils ont fait mais ça a marché. Tu t'imagines s'ils n'avaient pas été là ?

— *C'est certain.* »

Jocelyne esquisse un sourire et ouvre la porte-fenêtre.

« C'est agréable ce temps, tu ne trouves pas ?

— *Très agréable, oui.*

— Cette balade m'a fait du bien.

— *C'est ce que j'ai remarqué, tu es en pleine forme.*

— Allez, c'est bon. Je ne suis plus fâchée et en plus cela ne change rien, alors…

— *« Jo la Rebelle », cela te va bien.*

— Moqueuse, va. Oui, je suis rebelle ; je n'ai jamais supporté les injustices. Le monde marche sur la tête et c'est de pire en pire.

— *C'est de pire en pire, en effet. Là, je ne me moque pas. Et toi, que fais-tu ?*

— Eh bien, justement, je suis rebelle ! Depuis toute petite je suis rebelle.

— *Je suis d'accord avec toi. Et bien alors cela a-t-il changé quelque chose ?*

— J'ai eu des petites actions, enfin, pas trop car j'ai toujours manqué de temps mais j'ai le mérite de le dire ; cela fait bouger les consciences.

— *C'est un constat bien prétentieux, ne trouves-tu pas, « Jo la Rebelle » ?*

— Et puis zut ! Je n'avance pas, je tourne en rond. J'en ai marre de me poser toutes ces questions. Ça ne sert à rien.

— *Tu as raison.*

— Tu n'as pas fini avec tes « Tu as raison » ? Cela ne m'aide pas, tu sais.

— *Si je te dis que je ne suis pas d'accord, tu vas te fâcher, non ?*

— Fâcher, non. Je vais argumenter, c'est sûr.

— *Tu ne serais pas fâchée si je te disais que Ancier est un homme merveilleux et que tu n'as rien compris ?*

— Tu ne peux pas dire cela Madeleine, c'est faux.

— *C'est faux ? Tu détiens donc la vérité alors.*

— Tout de suite les grands mots, la vérité ! Non, c'est évident, c'est tout.

— *Disons alors que toi et Ancier vous n'avez pas la même évidence. Il considère, quant à lui, qu'une personne qui ne remplit pas son contrat doit en payer les conséquences.*

— Mais que fais-tu des valeurs humaines ?

— *C'est un autre sujet. Le différent que tu as eu avec lui a pour origine la non réalisation d'un contrat.*

— Dans des conditions particulières, oublies-tu de préciser.

— *Mais qui ne vit pas dans des conditions particulières ?*

— Tu m'énerves Madeleine, tu m'énerves… »

Boudeuse, Jocelyne extirpe avec agacement son livre du tiroir de la table de chevet et le fait tomber.

Elle met ses baskets et sort de sa chambre. Sa colère lui fait oublier sa fatigue.

Sans faire d'arrêt sur un des bancs qui jalonnent son parcours, Jocelyne est rapide pour arriver à son lieu de prédilection. Les fleurs l'attendent sagement. Son regard les effleure, parcourt le parc sans le voir et s'attarde sur un caillou insignifiant. Son pied s'amuse quelques minutes avec cette minuscule pierre qu'elle s'obstine à vouloir faire rentrer dans le rang, c'est-à-dire à sa place parmi les autres milliers de petits cailloux alignés le long du parterre. Lassée par ce petit jeu, elle pousse un profond soupir.

« Je ferais mieux d'aller dormir si je veux être en forme pour ce week-end. »

De retour dans sa chambre, elle s'allonge et s'efforce à ne plus penser. Elle finit par s'endormir et c'est un frappement léger sur la porte d'entrée qui la réveille.

« B'soir, M'dame Loudet, je vous apporte votre dîner ».

L'incarnation de Gaston Lagaffe est devant elle, un plateau à la main.

« Merci, dit Jocelyne. Pourriez-vous le mettre sur la table, s'il vous plaît ? »

Attentive à chaque mouvement du jeune homme, Jocelyne attend une catastrophe qui n'arrive pas.

« Il n'est pas très en forme notre Gaston, en ce moment. Il est d'un sérieux... Si cela continue, je vais devoir le débaptiser. »

Dans le couloir, un bruit particulier de verre cassé la rassure.

« Ha, quand même. J'ai eu peur de perdre, encore, un de mes repères.

— *Cette fois-ci, c'est toi la moqueuse, dit Madeleine.*

— Ce n'est pas méchant ; dans la BD c'est un jeune homme heureux de vivre. Ce n'est pas un petit verre cassé qui va le déstabiliser.

— *Tu as raison. D'ailleurs, a-t-on déjà vu Gaston Lagaffe déstabilisé dans une BD ? demande l'ingénue Madeleine.*

— Pas que je me souvienne, non. Tu veux en venir où ?

— *Nulle part, pourquoi ? Et toi ?*

— J'admets que dans les BD humoristiques, les Ancier font

rire.

— *Ces BD sont bien faites, hein ? C'est peut-être pour cela que tu veux en faire une ? Un monde à toi, avec des Ancier ridiculisés, signé « Jo, la Rebelle ».*

— Pff, tu peux continuer, je ne suis plus fâchée.

— *D'où vient ce miracle ? Magnifique ! Alors, pourquoi n'es-tu plus fâchée ?*

— Ah non, dit Jocelyne. Pause. C'est bon là. Stop. Je vais téléphoner à mes amies, j'ai envie de les entendre.

— *Je comprends oui ; cela fait du bien d'être rassuré. Tu as raison.*

— Grr, je déteste tes « Tu as raison ». »

Jocelyne prend son portable puis s'amuse à le faire tourner dans ses mains.

« Je ne comprends pas ce que tu veux dire. Ce sont mes amies ; on s'aime, c'est tout.

— *T'ai-je dit le contraire ? Non. J'ai simplement dit que tu avais besoin d'être rassurée.*

— Oui, j'ai bien entendu. J'ai besoin d'être rassurée, donc d'être aimée.

— *Nous sommes donc d'accord. Vas-y, appelle tes amies. »*

Jocelyne cherche dans son répertoire le numéro de Marie ; sa main s'arrête puis repose son portable.

« Tu m'a coupé dans mon élan. Je n'en ai plus envie.

— *Je ne sais pas si tu fais un bon choix car si tu avais téléphoné à ton amie Marie et bien elle t'aurait rassurée et dit, elle aussi : « tu as raison, c'est un sale type ce Ancier ». Marie, c'est du concret. Réfléchis bien.*

— J'en ai marre de réfléchir ! Ras-le-bol !

— *« Jo la Rebelle » est de nouveau fâchée ?*

— « Jo la Rebelle » est fatiguée de tourner en rond. De ces questions qui s'entremêlent, se succèdent et s'amoncellent dans sa tête. Tu parles d'une rebelle !

— *Non ma Jo, dit Madeleine avec tendresse. Tu es une rebelle mais la vraie révolution c'est celle que tu mènes actuellement. Elle est belle ta révolution. »*

« Jo la Rebelle » pleure doucement, sans bruit.

« J'ai mal, Madeleine. J'ai mal de me voir telle que je suis, d'être consciente de … »

Madeleine l'interrompt.

*« Arrête ! Que vas-tu pleurer sur cette Jocelyne-là ! Si tu veux pleurer, vas-y ! Pleure alors sur toutes les Jocelyne, les Ancier, les Hillion, les Marie ! Tu n'auras jamais assez de larmes pour tout le monde. »*

Le visage de Jocelyne est inondé de larmes dont elle n'arrive pas à endiguer le flot. Elle s'allonge sur le lit ; elle s'entend pleurer et cache sa tête dans l'oreiller.

« Je n'en peux plus Madeleine ! Je n'en peux plus ! À quoi bon ? Ça sert à quoi ? Je me détruis de l'intérieur dans ce corps de cauchemar. De quelle révolution parle-t-on ? Que puis-je faire contre la nature humaine, contre ma propre nature ?

— *La nature humaine est un sujet philosophique qui a inspiré de nombreuses personnes. Tu pourrais remplir de livres des rayons et des rayons de plusieurs bibliothèques. Tu en as lus beaucoup d'ailleurs. Aujourd'hui, tu n'es pas confrontée à une réflexion intellectuelle mais à ta propre vie. »*

Jocelyne ne pleure plus. Etendue sur le dos, elle soupire plus qu'elle ne respire.

« Ma révolution est en berne, reprend Jocelyne.

— *Tu n'as donc aucun espoir de la mener à terme ? demande Madeleine. Elle est pourtant magnifique, ce serait dommage.*

— L'espoir, tu sais… »

Jocelyne laisse en suspens le reste de sa phrase. Elle se masse la nuque et secoue sa tête lentement.

« Mettre de l'ordre dans ce désordre. C'est une entreprise titanesque. Je n'aurai jamais assez de toute ma vie. »

Jocelyne prend sa tête entre les mains et se masse le crâne.

« Ce n'est pas possible. J'abandonne ma révolution.

— *Tu as raison Jocelyne. Ne cherche pas à te distinguer de tes semblables, tu es comme eux. C'est dans la nature humaine ; seul ton orgueil pourrait te pousser à cela.*

— Je sais que tu me provoques, Madeleine. Je n'y arrive plus. Je ne peux pas continuer, nous allons devoir… »

Jocelyne se concentre, ferme les yeux et dit dans un seul souffle.

« Nous allons devoir arrêter nos conversations. Je suis vraiment désolée… Désolée.

— *Je comprends bien. Tu as raison d'arrêter si tu ne t'en sens pas capable. Maintenant que ton corps est en voie de guérison, tu vas pouvoir reprendre le cours d'une vie normale. Vis tout simplement et regarde. Regarde bien et écoute. Au revoir.* »

Des larmes ruissellent sur le visage de Jocelyne.

« Je n'ai pas le choix, se justifie-t-elle. Je ne veux pas devenir folle. Je dois reprendre le cours d'une vie normale. Je ne peux pas me remettre physiquement en forme, assise dans un fauteuil à me lamenter sur mon sort. Manger, dormir, marcher ; rien que cela requiert toute mon énergie. »

Jocelyne se lève, décroche la photo et la met sous la table, face contre mur.

\*

Effectivement, lorsque Marc arrive le samedi suivant, il est agréablement surpris de voir sa mère maquillée, élégamment vêtue d'une tunique bleue assortie à son foulard et qui l'attend, assise sur un banc, à la porte du centre.

Marc serre sa mère dans ses bras.

« Quel plaisir de te voir, ma petite Maman. Tu m'as l'air en meilleure forme, je suis vraiment content. »

Jocelyne se laisse cajoler. Elle ferme les yeux et chuchote :

« Moi aussi, mon Chéri, moi aussi… »

Marc prend tendrement sa mère par le bras et lui propose d'aller se promener. Jocelyne doit répéter plusieurs fois les paroles du médecin qui certifie que c'est maintenant « presque terminé ».

« T'es sûre, hein ? Tu ne dis pas cela pour me rassurer ?

— Promis. Il a dit exactement « Le gros de l'orage est passé ». Je confirme, je me sens de mieux en mieux.

— Génial ! Tu sors quand ?

— Dans deux ou trois semaines, je ne sais pas exactement,

peut-être dans un mois. Cela dépendra de la vitesse à laquelle je reprends des forces. Et toi, comment vas-tu ? Cela se passe bien avec Élodie ? »

Le visage de Marc s'illumine.

« On a emménagé le week-end dernier. Élodie passe son temps dans les magasins. Tu verrais comme elle… »

Il est subitement interrompu par un chant qui vient d'un bosquet. Ils s'arrêtent, écoutent avec attention et éclatent de rire. Une première voix dit :

« Tralala ! Je suis le petit lutin rose ! »

Une seconde voix se fait entendre :

« Tralala ! Je suis le petit lutin vert ! »

Deux chapeaux pointus, l'un rose et l'autre vert se mettent en travers de leur chemin. Marc et Jocelyne ne peuvent parler tellement ils rient.

« Faites un vœu et il sera exaucé, continue le lutin rose.

— Je veux voir mes amies ! dit Jocelyne.

— Ton vœu est exaucé ! Nous voilà ! »

Marie et Sylvie se ruent sur Jocelyne et l'embrassent.

« Doucement, vous allez la casser, elle est toute fragile ! les houspille Marc. Mais quelles gamines !

— Il faudra quand même qu'un jour tu me donnes l'adresse de ton chapelier dit Jocelyne à Marie.

— C'est une fabrication maison. Si tu aimes, je t'en fais un. »

Jocelyne se tourne vers Sylvie, voit de larges cernes sous ses yeux et s'abstient de lui demander comment elle va.

« Tu as de la chance, Sylvie, c'est une pièce unique.

— Tu parles de quoi ? Du chapeau ou de Marie ? »

Ils marchent quelques minutes puis s'installent sur des bancs pour discuter. La première conversation est, bien sûr, consacrée au fameux Ancier. Très sérieuses dans le début, voire sévères, Marie et Sylvie racontent leur épopée.

« Il y a eu au moins deux moments marrants, conclut Sylvie en sortant son portable de son sac à main. Regarde-moi ça ! »

Après quelques manipulations, elle montre une photo à Jocelyne.

« Je te présente Sœur Marie !

— Incroyable ! s'exclame Jocelyne. Tu es méconnaissable ! On pourrait presque croire que tu es comptable !

— Deuxième photo, continue Sylvie. Marie au commissariat en train de draguer un jeune policier. »

Jocelyne est très émue.

« Vous êtes vraiment adorables, je vous remercie de tout mon cœur. Sans vous j'aurais eu de graves problèmes. On fera une super soirée à mon retour pour fêter ça. On va laisser ce Ancier où il est, qu'il n'aille pas nous gâcher notre week-end.

— Chaque fois que j'en parle cela me met en boule, grince Marie. Quel sale type !

— Tu as raison, Marie, tu as raison… la calme Jocelyne. »

Ancier disparu, les conversations courantes sont abordées : enfants, amis communs, travail. Tous les sujets sont abordés sauf un, le mari de Sylvie. Marc est le seul à ne pas le remarquer et, bien évidemment :

« Oh, j'ai pensé à ton mari, hier, j'ai vu la même Jaguar que la sienne. Il va comment ? Je ne l'ai pas vu depuis une éternité !

— Moi aussi, répond Sylvie. »

L'ange de la confusion passe et Marie, avec son humour imparable, les regarde un à un avec un sourire figé. La mimique est telle que tout le monde éclate de rire. D'un regard, elles se concertent et conviennent d'en parler plus tard.

Perdue dans ses conversations avec Madeleine, Jocelyne vient de réaliser qu'elle n'a pas eu Sylvie au téléphone depuis plus d'une semaine ; elle regrette de ne pas l'avoir appelée. Que s'est-il passé ? Elle semblait l'accepter avec une certaine philosophie.

C'est trop en si peu de temps, Jocelyne sent la fatigue l'envahir. Ses sourires sont moins francs et sa voix plus ténue. Cette fatigue est tellement flagrante que Marc s'en inquiète et propose à sa mère de rentrer.

« Entre nos jacassements et la marche, tu ne tiens plus debout ma petite Maman. On te fait une escorte jusqu'à ta

192

chambre et on te laisse te reposer.

— D'accord, un tout petit peu, alors.

— Un tout petit peu, oui. On va aller au salon de thé en t'attendant. »

Après près de deux heures d'un tout petit peu, ils retournent voir Jocelyne dans sa chambre. Marie y est déjà allée pour s'assurer que tout allait bien ; Jocelyne dormait profondément. Elle avait été surprise de constater que la photo de Valérie était cachée sous la table. « Je croyais qu'elle l'aimait ? ». Elle se souvient des lunettes qu'elle avait dessinées sur la vitre du cadre « Zut, mon dessin l'a contrariée ! ». Sans bruit, elle extirpe le cadre.

Marc entre le premier dans la chambre. Jocelyne est réveillée et fronce les sourcils :

« J'ai dormi longtemps ?

— Un tout petit peu, répondent-ils en chœur.

— Une telle harmonie cache quelque chose. »

Elle prend le réveil sur sa table de nuit et constate qu'elle a dormi deux heures.

« Quand je pense que vous avez fait tous ces kilomètres pour me voir et que je dors pendant que vous êtes là, j'ai honte.

— Tu plaisantes, on est là demain aussi. Tu ne vas te débarrasser de nous comme ça, dit Sylvie. »

Jocelyne s'apprête à se lever lorsqu'elle voit la photo de Valérie sur le mur.

« Qu'est ce qu'elle fait là ? Où sont ses lunettes ? »

Face à la voix désespérée de Jocelyne, Marie tente de se justifier.

« Je l'ai vue sous la table et j'ai pensé que justement tu ne la mettais plus sur le mur car tu n'aimais pas les lunettes. Ben alors, j'ai nettoyé la vitre et j'ai raccroché le cadre. Heu, vu ta tête, je pense que j'ai fait une gaffe. Je vais retirer la photo.

— Non, non, se reprend Jocelyne, laisse, ce n'est pas grave. J'ai été surprise, c'est tout. J'aimais bien les lunettes. Ne t'inquiète pas, elle est très jolie cette photo. »

La fin de l'après-midi et la soirée ne se passent pas comme prévu. Jocelyne reste allongée sur son lit et dort. Ils restent avec elle dans la chambre et chuchotent pour ne pas la déranger. Profitant d'un moment d'éveil de Jocelyne, ils l'informent qu'ils ont décommandé la table qu'elle avait réservée au restaurant et qu'ils rentrent à l'hôtel.

« Tu as besoin de te reposer, Maman. On reviendra demain en début d'après-midi. On ne restera que si tu te sens en forme. Ne t'inquiète pas, repose-toi. Je te laisse le numéro de téléphone de l'hôtel. S'il y a un problème tu n'hésites pas.

— Excusez-moi, marmonne Jocelyne, désolée. »

Elle referme les yeux et ajoute.

« Je suis trop fatiguée. »

Avant de sombrer dans un sommeil profond, elle regarde tristement la photo de Valérie.

*

Éclatante, la lumière du jour passe au travers des volets. Jocelyne entend distinctement le chant des oiseaux, elle les devine sur le balcon. Elle s'oblige à ne pas regarder la photo de Valérie.

Les événements de la veille lui reviennent en mémoire.

« Les pauvres, ils ont fait tous ces kilomètres pour me voir dormir. De plus, ils doivent être inquiets. »

Elle prend la carte de l'hôtel et s'apprête à appeler Marc. Elle se ravise.

« Je vais déjà aller me prendre une douche et me rendre présentable pour eux… et pour moi aussi d'ailleurs. »

« Allo ? Bonjour mon Chéri. Tu vas bien ?

— C'est toi, Maman ? Cela me fait plaisir de t'entendre, dit Marc.

— Désolée pour hier, j'étais vraiment épuisée.

— Arrête d'être désolée, Maman. Tu ne peux tout de même

pas t'en vouloir d'être malade, non ? Heu… j'ai téléphoné au docteur Audrieu, tu ne m'en veux pas ?

— Mais non.

— Il m'a rassuré ; il m'a dit que ta fatigue était normale compte tenu de ton traitement. Il m'a dit la même phrase qu'à toi « Le gros de l'orage est passé, c'est maintenant une question de temps ». Tu veux vraiment que l'on revienne cet après-midi ? Cela pourrait te fatiguer comme hier.

— Bien sûr que je veux vous voir cet après-midi. Vous faites partie de l'air que je respire. »

Emu, Marc ne trouve pas de répartie immédiate. La seule phrase qui lui vienne à l'esprit est :

« Je t'aime Maman ».

L'après-midi est beaucoup plus tranquille que la veille. Tous veillent à ne pas fatiguer Jocelyne.

« Qu'est-ce que vous êtes calmes, aujourd'hui. Vous pouvez parler normalement, les taquine Jocelyne.

— On se met à ton diapason, dit Sylvie. On rentre dans ta bulle.

— C'est magique. Alors, est-ce qu'un petit thé sur la terrasse de ma bulle vous conviendrait ? propose Jocelyne

— Parfait, dit Marie. Allez-y, je vous rejoins, je vais chercher un pull dans la voiture. Vous me commandez un thé aux bleuets ? »

Ils sont nombreux, en ce dimanche, sur la terrasse. Le mot d'ordre a dû être passé car tous parlent doucement.

« Un petit soleil printanier, un thé aux bleuets et des amis. C'est agréable, non ? dit Marie. »

Soupirs et sourires font réponse. Ceux de Sylvie, moins appuyés que les autres, laissent planer un doute. Sylvie s'en rend compte elle-même et se détache de ses tristes pensées.

« Il y a des choses tellement plus graves, murmure-t-elle. »

Elle toussote pour éclaircir sa voix.

« J'ai revu « La vie est belle », la semaine dernière. Il est incroyable, ce film. Vous l'avez déjà vu ?

— Un chef-d'œuvre, confirme Jocelyne.

— Je ne l'ai pas vu, dit Marc. Ça parle de quoi ?

— En synthèse, raconte Sylvie, c'est l'histoire d'un homme

juif et de son fils qui sont enfermés dans un camp de concentration durant la deuxième guerre mondiale. L'obsession du père est de sauver son fils. Il lui fait croire que le camp de concentration est un immense terrain de jeu. »

Marc grimace.

« Comparer un camp de concentration à un immense terrain de jeu, c'est assez particulier.

— Le faire croire à son fils et lui sauver la vie, c'est surtout cela qui est, non pas particulier, mais fantastique. Je me souviens d'un critique qui disait « Un clown a imaginé, le temps d'une fable, tenir en respect la barbarie ».

— Je comprends mieux, en effet, dit Marc. Il s'agit d'une fable.

— Tu n'as jamais pensé, demande Jocelyne, que nous pourrions tous être dans une pièce de théâtre gigantesque ?

— Jamais, répond Marc. Je n'ai pas ton imagination Maman, je ne suis pas un artiste, je suis un informaticien pragmatique. J'aime le concret, le palpable, le comparable. »

Dans cette scène, Jocelyne retrouve tous les personnages qu'elle connaît si bien et qu'elle aime. Marie le clown, Sylvie la femme sérieuse et Marc, le jeune homme réfléchi. L'acte III prend fin lorsque Jocelyne les raccompagne, en début de soirée, à leur voiture. Jocelyne sait, à ce moment-là, que sa vie a repris un cours normal.

## CHAPITRE VI

Après les avoir raccompagnés, Jocelyne retourne dans sa chambre et s'installe sur son lit. Ces deux jours consécutifs avec son fils et ses amies l'ont réveillée de quinze jours de solitude. Elle, qui avait appréhendé ce week-end, de peur d'être assommée de bruit et de se sentir obligée de parler, se sent apaisée. Ce soir serait le dernier repas qu'elle prendrait dans sa chambre, elle retournerait au restaurant.

Ses pensées s'arrêtent brusquement et son regard reste fixé sur le mur.

« C'est pas vrai ! Madeleine ?

— *Oui, c'est moi. Ça va, tu me reconnais ?*

— Oh ! C'est Marie qui t'a fait ça ?

— *Oui, ce truc-là, c'est Marie. Je manque un peu de sérieux maintenant.*

— Tu es ravissante. Ces lunettes rondes et ce regard… je ne trouve pas les mots.

— *Cela s'appelle un strabisme convergent.*

— Elle t'a gâtée, dit Jocelyne en se retenant de rire.

— *Ça a au moins le mérite de t'amuser. C'est déjà beaucoup.* »

Jocelyne se tait et Madeleine attend.

« Tu sais, ma Madeleine, je n'ai pas changé d'avis. En ce moment, je ne me sens pas capable d'aller plus loin. C'est trop déstabilisant, j'ai besoin de reprendre des forces, je vais

197

devoir te remettre sous la table. Je suis tout de même contente que tu aies retrouvé une face humaine.

— *Pourquoi me mettre sous la table, je ne te dérange pas. Je me tairai et tu m'appelleras si tu as besoin. La magie de Madeleine, c'est toi qui l'as créée.*

— Je vais être tentée…

— *Essaye, tu verras bien. Je me tais maintenant. Écoute-toi. À Bientôt.»*

*

Ce n'est que plusieurs jours plus tard que Jocelyne reprend réellement des forces. Une courte sieste l'après-midi lui permet de rester éveillée pour le reste de la journée. Elle prend tous ses repas au restaurant et le docteur Audrieu revient discuter avec elle.

« Il y a quelque chose de changé en vous, lui dit-il un après-midi. Je ne sais pas quoi, mais vous êtes différente.

— J'ai pris deux kilos cette semaine, dit en plaisantant Jocelyne.

— Je ne vous parle pas de la balance mais de vous.

— Émile Coué a fait des merveilles. J'ai la phrase gravée dans mon esprit « Tous les jours et à tous les points de vue, je vais de mieux en mieux ».

Le médecin sourit et montre son stéthoscope à Jocelyne.

« Mes outils ont des limites. Même si je le posais sur votre tête je ne pourrais sonder vos pensées.

— L'esprit n'est pas technique.

— Si technique il est, il y a autant de techniques que de personnes. Quoi qu'il en soit, poursuit-il, je suis content pour vous, je pense que vous pourrez sortir d'ici une quinzaine de jours.

— Plus que quinze jours, c'est super ! »

*

Jocelyne a emprunté plusieurs livres à la bibliothèque. « Propos sur le bonheur » d'Alain est le premier de la pile.

Elle le prend et le feuillette.

C'est la troisième fois qu'elle relit la même page. Jocelyne est perturbée par les propos du médecin et elle n'arrive pas à se concentrer.

« Si l'esprit est une technique, il y a autant de techniques que de personnes… Je n'en suis pas si convaincue que cela. Sommes-nous si différents ? Dans le détail, peut-être mais dans le général, nos émotions sont les mêmes… la joie, la peur, la tristesse, la colère… Je suis sûre que j'en oublie… On peut se faire greffer un organe mais alors des pensées ? On ne peut qu'en créer. Madeleine avait peut-être raison, c'est le corps qui suit l'esprit et non le contraire.

« *Tu m'as parlé ? demande Madeleine.*

— Non, Madeleine, je ne t'ai pas parlé. Je réfléchis, c'est tout, je parlais du docteur Audrieu.

— *D'accord, mais ce n'est pas parce que tu parlais du docteur Audrieu que tu ne me parlais pas.*

— Je te sens subtile Madeleine, aujourd'hui.

— *C'est toi qui le deviens plutôt. Tu écoutes, maintenant.*

— Tu vois, tu recommences… Tu me dis aujourd'hui « Écoute », hier tu me disais « Regarde ». Laisse Madeleine, je suis fatiguée. Ma tête a besoin de vacances.

— *Tu as raison, je me tais.* »


Après maints efforts, Jocelyne réussit à reprendre son livre et à se concentrer sur sa lecture.

« Décidément, tu es partout Madeleine ! »

Jocelyne referme son livre. La dernière phrase qu'elle vient de lire se répète dans sa tête. « Pour mon goût, voyager c'est faire à la fois un mètre ou deux, s'arrêter et regarder de nouveau un nouvel aspect des mêmes choses... Elle recommence « Faire à la fois un mètre ou deux, s'arrêter et regarder de nouveau un nouvel aspect des mêmes choses ».

« Madeleine, dis-moi, comment puis-je arrêter cette machine infernale qui s'est installée dans ma tête ?

— *Ton voyage ne te convient pas ? demande Madeleine.*

— Je te répondrai lorsque j'aurai repris une vie normale et

une dizaine de kilos. J'oubliais, des cheveux aussi. Une vie normale, quoi ! »

Leur conversation s'arrête là. Jocelyne, caresse le livre et répète une nouvelle fois « «Faire à la fois un mètre ou deux, s'arrêter et regarder de nouveau un nouvel aspect des mêmes choses ».

Le reste de la journée, elle le passe à faire quelques esquisses et des essais de couleurs. Elle aborde les prochains mètres avec enthousiasme et se voit déjà, planches sous le bras, présenter sa BD à un éditeur.

Peu avant dix heures, elle décide d'aller se coucher pour être en forme le lendemain matin. Elle pousse un soupir de satisfaction lorsqu'elle s'étend et écarte les bras dans son lit.

« J'espère tout de même que le prochain arrêt sera moins douloureux. »

# CHAPITRE VII

Elle dessine sous l'œil protecteur de Madeleine qui est installée juste au-dessus de sa table à dessin. Jocelyne finalise le dossier qu'elle souhaite présenter à un éditeur et inspecte chacune des planches avec attention. On l'a déjà prévenue « Beaucoup d'appelés et peu d'élus » mais pourquoi pas.

Sa BD, qu'elle avait commencée dans son centre de convalescence, est là, entre ses mains. Son projet voit enfin le jour et c'est presque avec tendresse qu'elle repense à cette parenthèse.

« J'étais un peu folle à ce moment-là… mais qu'est-ce que cela a été dur. »

Elle sourit, prend une planche et la tourne vers la photo de Valérie qui a conservé ses grosses lunettes et ses yeux au strabisme convergeant.

« Tu te souviens comment on se parlait ? J'aimais bien. Dommage, tu es devenue muette. Regarde ce dessin : c'est Marie, celle qui t'avait fait cette tête-là !

— *Elle est super cette caricature ! dit Madeleine. Presque plus vraie que la vraie. »*

Jocelyne reste interdite, repose la planche et fixe la photo de Valérie.

« Madeleine ? Tu me parles ?

— *C'est une manière de voir les choses, répond Madeleine.*

— Comment ?

— *Je te parle parce que tu me parles.*

— Hou là, dit Jocelyne, c'est reparti !

— *Demande-toi plutôt pourquoi. Tu tournes en rond depuis trois semaines et tu ne sais pas quoi faire. Tu en as parlé avec Sylvie et Marie mais cela ne règle pas ton problème.*

— Tu as conservé toute ta subtilité, Madeleine. Oui et alors, je ne sais pas quoi faire, ce n'est pas parce que tu me le dis que cela change quelque chose.

— *Non, c'est parce que tu me le dis que tu veux que cela change quelque chose.*

— Tu as raison, je me comporte comme une gamine.

— *Pas vraiment, tu as peur tout simplement.*

— Ce n'est pas facile, tu sais. J'ai… heu… subi une opération.

— *N'es-tu pas guérie aujourd'hui ?*

— A priori, oui… Mais tu sais bien que ce n'est pas le problème.

— *Toi, tu en as un, mais lui, semble-t-il, n'en a pas. Il le sait depuis qu'il te connaît.*

— C'est vrai ce que tu me dis, je fais un blocage. »

Jocelyne regarde avec tendresse Madeleine.

« Je vais aller m'installer dans le canapé, nous serons plus à l'aise pour discuter. »

Elle s'installe confortablement face à Madeleine et prend une profonde inspiration.

« Allons-y, dit Jocelyne

— *C'est toi qui parles, moi je suis le psy. Je ne ferai que des « Ah bon », « Hum » et « En effet ».*

— Et pour tes honoraires ?

— *Tes sourires me suffiront. Vas-y, lance-toi.*

— Cela a commencé lorsque nous sommes rentrées, Sylvie, Marie et moi d'Italie. On a fait ce voyage plus tard que prévu, mais on l'a fait. Ces vacances étaient super ; Marie a été à la hauteur de ses menaces et elle nous avait confectionné des chapeaux dignes de la reine d'Angleterre. Nous étions chez Sandra, un bar à vin du quartier, et faisions un débriefing de nos vacances, photos en main. Ce sont nos rires qui ont attiré l'attention d'un homme qui était installé au comptoir ;

visiblement, il hésitait à venir nous voir et c'est là que Marie l'a reconnu.

« Sylvie, c'est Éric Virlet, le journaliste de Vos Infos. Tu te souviens ? dit-elle en chuchotant.

— Oh oui, tu as raison. Je crois qu'il nous a vues. Qu'est-ce qu'on fait ? ».

Marie lui fit un petit signe et dans la seconde qui suivit il était devant elles.

Jocelyne se tait.

*« Et puis, demande Madeleine. Tu t'arrêtes au moment le plus palpitant de l'histoire.*

— Toujours aussi moqueuse, ma Madeleine.

*— Ah bon ?*

— Je continue. Il a commencé par dire bonjour à Sylvie et Marie et puis après, il m'a serré la main tout en me regardant dans les yeux. Je ne sais pas combien de temps cela a duré, mais j'avais l'impression que nous étions médusés tous les deux. C'est stupide de dire cela, non ?

*— Je dirais plutôt que cela ressemble à un coup de foudre.*

— Arrête Madeleine, je ne plaisante pas.

*— Moi non plus. Continue.*

— Après, il nous a raconté ce qui s'était passé à son journal durant la fameuse période Ancier. Le rédacteur en chef lui avait refusé son article en lui disant que c'était une affaire classée, sans aucun autre commentaire. « C'est ce que l'on appelle la liberté de la presse. » avait-il ajouté. Enfin, bref, on a passé le reste de la soirée tous les quatre et c'était vraiment sympa.

*— Tu as un bref éloquent.*

— Bon, d'accord. Quand il a su que j'avais fait une bande dessinée, il m'a proposé de profiter de ses relations en me disant qu'il connaissait un des administrateurs des Éditions Prégon…

*— Et ?*

— Et il m'a proposé de dîner avec lui afin que nous puissions en discuter.

*— Et ?*

— J'ai accepté. »

Jocelyne se tait.

Elle repense à ce dîner et à ceux qui ont suivi. Lors du dernier en date, il s'était risqué à la prendre par les épaules et elle l'avait laissé faire.

« Qu'est-ce que je dois faire, Madeleine ?

— *Écoute-toi.*

— Je remarque que ton vocabulaire ne s'est guère enrichi depuis nos dernières conversations, dit Jocelyne.

— *Écoute-toi. Écoute ton cœur. Que te dire de plus ? Si tu ne le fais pas, tu ne le sauras jamais.*

— Merci Madeleine pour ton aide précieuse. Pour tes honoraires, nous verrons la prochaine fois.

— *Je te fais crédit, ne t'inquiète pas. »*

*

L'état d'Hélène inquiète Jocelyne qui vient la voir de plus en plus souvent. Aujourd'hui, mardi, elles ne sont que toutes les deux, le mari d'Hélène étant à son travail et sa fille à l'école. Hélène tente de parler normalement mais cela lui demande beaucoup d'efforts.

« J'ai du mal à parler, désolée. Je prends des antidépresseurs qui m'abrutissent complètement.

— Tu ne peux pas t'en passer ?

— Justement, j'ai essayé de m'en passer pendant trois semaines mais je devenais complètement folle. Le médecin m'en a prescrit d'autres que je prends depuis hier ; il faut que je m'habitue.

— Ça avait l'air d'aller mieux, pourtant. Tu m'avais parlé d'un club de danse que tu allais monter.

— Oui et puis j'ai décidé d'arrêter les antidépresseurs et c'est reparti.

— Ton psy, qu'est-ce qu'il en pense ?

— Il m'a dit que je n'étais pas dans une dynamique de construction de projet puisque je n'avais pas encore accepté ce qui m'était arrivé.

— Il y a peut-être aussi une accoutumance aux médicaments, on ne les arrête pas comme ça, fait remarquer Jocelyne.

— C'est en partie vrai mais je suis bien consciente de ne pas avoir encore accepté. Je n'ai plus de relations sexuelles avec mon mari, je n'y arrive pas. Tout ce que je fais est un effort. Je fais semblant pour tout, je n'ai envie de rien. En clair, ajoute Hélène, je fais semblant de vivre.

— Je ne crois pas que l'on puisse faire semblant de vivre. Il n'y a qu'une alternative, on est vivant ou bien on est mort.

— Je me demande si je ne vais pas changer de psy. Tu es disponible ?

— Hou là, attends que je termine la mienne !

— Tu en suis une ? demande Hélène.

— En quelque sorte, répond, énigmatique, Jocelyne. Quand cela ne va pas, je m'arrête et je creuse le sujet. Tu devrais te changer les idées, sortir un peu. La semaine prochaine, cela te dit un ciné ?

— Heu… je n'ai pas envie de sortir en ce moment. Une prochaine fois, promis.»

Devant l'évidente somnolence d'Hélène, Jocelyne rentre chez elle juste après le déjeuner. Elle est triste de savoir son amie dans cet état ; cela la préoccupe tout l'après-midi et elle en parle à Madeleine.

« Cela me fait de la peine de voir Hélène ainsi. Je ne sais pas quoi faire pour l'aider.

— *On ne peut rien faire à la place des autres, dit Madeleine.*

— Tu te rends compte ? Excepté son psy, une fois par semaine, et moi de temps en temps, elle n'a plus de relation avec l'extérieur.

— *On ne peut rien faire à la place des autres, répète Madeleine.*

— Ce que je veux dire, c'est qu'elle est vraiment très seule.

— *On ne peut rien faire à la place des autres, répète une nouvelle fois Madeleine.*

— Madeleine… cela fait la troisième fois que tu me le dis.

— *Que puis-je te dire d'autre ? »*

« On ne peut rien faire à la place des autres » occupe la soirée de Jocelyne.

« On ne peut rien faire à la place des autres, soit, mais on peut être là, au moins… »

*

« Tu as eu raison, Jocelyne, de proposer à Hélène de venir avec nous ce week-end, dit Marie en posant sa valise sur un des lits de la chambre d'hôtel. Elle a une tête ! On sent qu'elle est au bout du bout.

— Son mari lui a parlé de séparation la semaine dernière, soupire Jocelyne.

— Il a rencontré quelqu'un d'autre ? demande Marie.

— D'après Hélène, non. Il lui a dit qu'il n'envisageait pas de finir sa vie avec une femme qui n'arrivait pas à voir autre chose que ce qu'elle ne pouvait pas avoir. Il lui a dit « Si ta fille et moi n'existons plus pour toi et bien nous n'avons plus rien à faire ici. Tu nous attires dans ton gouffre. »

— Quelque part, on peut aussi le comprendre, elle est dans une telle dépression… Je ne sais pas comment elle va s'en sortir.

— Je me demande même si elle veut s'en sortir, ajoute Jocelyne.

— Tu exagères, dit Marie, il faudrait qu'elle soit maso.

— Je me suis mal exprimée, se reprend Jocelyne. Ce que je voulais dire c'est qu'elle a une volonté que je qualifierai de presque exceptionnelle. Si tu savais ce qu'elle a dû endurer pour être première danseuse, tu serais impressionnée. Il suffirait, peut-être, seulement de déplacer cette volonté vers autre chose. Il faudrait qu'elle le veuille et là, on ne peut pas le faire à sa place.

— Vers quoi veux-tu qu'elle la déplace si rien ne l'intéresse ?

— Je ne sais pas. Je ne sais pas, répète Jocelyne. »

Ce « Je ne sais pas » la ramène à Madeleine et son regard s'échappe par la fenêtre de la chambre qui donne sur un rosier en fleurs. « On ne fait rien à la place des autres.»

« Allez, dit Marie en se secouant, on va voir ce qu'elles font. C'est quoi leur numéro de chambre ?

— La 420. Elles sont à l'autre bout du couloir.

— On y va. Il faut se dépêcher si on veut trouver un endroit pour déjeuner.

— On est en bord de mer, on ne devrait pas avoir de problème. »

Marie revient sur ses pas et prend un sac de plage.

« Surtout, ne pas oublier les accessoires ! »

Sylvie et Hélène sont prêtes, la serviette de plage sur l'épaule. Marie regarde leurs pieds et leur dit :

« Vous ne croyez tout de même pas que vous allez pouvoir marcher correctement dans le sable avec ce genre de chaussures ! Heureusement, Marie est là ! »

De son grand sac, elle sort des tongs fluo agrémentées de marguerites énormes.

« Merci qui ? Que feriez-vous sans moi, les filles ! »

Les yeux d'Hélène vont des tongs à Marie.

« Vous allez mettre ça ? demande-t-elle.

— Nous allons mettre ça, rectifie Marie en éclatant de rire.

— Marie, non, s'il te plaît, dit Sylvie désespérée. Je connais des gens ici !

— Cela ajoute justement du piment à l'affaire, dit Marie en plissant les yeux malicieusement. »

Hélène rit, malgré elle, en les imaginant déambuler sur la plage.

« Arrête de rire et mets tes tongs, lui dit Marie. Je n'ai su que tardivement que tu allais venir mais j'ai eu juste le temps d'aller t'en chercher une paire. Tu sais que tu as de la chance, toi ! Taille 38, c'est bon ? »

Alignées sagement le long de leurs serviettes, les tongs donnent une petite note lumineuse au sable. Bien que le ciel n'affiche aucun nuage, une petite fraîcheur normande, légendaire, les oblige à porter un tee-shirt. Assise en tailleur, Hélène, pensive, s'amuse avec le sable. Elle le prend puis le laisse glisser entre ses doigts.

« Tu nous as quittées lui demande Jocelyne. À quoi rêves-tu ?

— Je ne rêve pas, c'est plutôt le contraire. Je me disais que je devrais reprendre une activité professionnelle.

— Ce n'est pas facile, je sais bien, intervient Marie, c'est une vraie galère pour trouver du travail. Il faut t'accrocher. »

Hélène n'ose pas regarder Marie.

« Trouver du travail, n'est pas vraiment le problème… On m'en a proposé…

— Tu n'en as donc pas besoin, alors, reprend Marie.

— Pas envie, surtout.

— Le job ne te plaisait pas ? demande Sylvie. »

Hélène hausse les épaules.

« Ce n'est même pas le problème, c'était plutôt pas mal : organisatrice de salons. Mais, je n'ai envie de rien, je tourne en rond. Il va pourtant falloir que je me décide. Pôle Emploi m'a aussi proposé une formation dans le graphisme mais retourner à l'école ne me plaît pas non plus. Je me dis que quelque chose va arriver qui va me redonner envie de vivre.

— L'envie vient de l'intérieur, pas de l'extérieur, marmonne Jocelyne comme pour elle-même. »

*

La bonne humeur des trois amies a raison de la morosité d'Hélène le reste du week-end. Elle en revient souriante, heureuse de retrouver son mari et sa fille.

Une angoisse la prend lorsqu'elle pousse la porte d'entrée ; celle-ci est fermée. Ils ne sont donc pas là…

Stupidement, elle reste quelques secondes devant la porte avant de se décider à chercher ses clés dans son sac. Cette maison sans vie la glace et elle décide de chantonner afin de se donner du courage. Elle prend sa valise et la traîne durant quelques mètres jusqu'à la porte de sa chambre. Son malaise est de plus en plus fort. La colère remplace peu à peu la peur et elle crie :

« C'est pas possible ! Ça peut plus durer ! »

Elle laisse sa valise dans le couloir et fait le tour de chaque pièce. Des photos d'elle en habit de danseuse recouvrent les murs, il y en a partout dans tous les formats. Elle rougit de cette omniprésence. Calmement, elle descend au sous-sol puis en remonte les bras chargés de grands sacs de toile. Elle décroche une à une les photos et les enferme dans les sacs qu'elle redescend à la cave.

Assise dans un des fauteuils du salon aux murs déshabillés, elle se sent apaisée et respire profondément ; le calme a remplacé le silence oppressant. Les souvenirs affluent, principalement ceux de ses mois de convalescence. Elle se souvient des longues conversations et des après-midis passés avec Jocelyne sur la terrasse du salon de thé. Une petite phrase lui revient en mémoire « L'espoir, c'est croire en notre capacité à surmonter les difficultés ».

Comme un mantra, les yeux fermés, elle répète cette phrase dans sa tête. Etourdie, elle rouvre les yeux

« En suis-je capable ? se demande-t-elle. »

Rêve-t-elle ? Elle entend distinctement :

*« Bien sûr que tu en es capable »*

Hélène prend sa tête entre ses mains.

« Je deviens folle…

*— C'est une manière de voir les choses… »*

*

La porte d'entrée s'ouvre brusquement et Hélène sursaute. Inès arrive en courant.

« Maman, Maman ! T'es où ? Il faut que je te raconte ! Le film était génial !

— Je suis là ma Chérie, crie Hélène du salon. Viens me raconter ce super film. Je t'écoute ma Chérie, je t'écoute… »

Christophe se tient derrière sa fille et regarde autour de lui.

« J'aime bien ta nouvelle déco, dit-il »

*

Il y a deux jours, Éric lui a proposé de partir en week-end pour aller voir une exposition d'un photojournaliste. Elle n'a pas donné sa réponse prétextant une surcharge de travail « Je te laisse voir si tu as deux petits jours à me consacrer, je te rappelle ». Depuis, chaque sonnerie de téléphone la statufie.

Une sonnerie, deux sonneries... Le nom d'Éric s'affiche sur son portable.

« Allo ?

— Bonjour Jocelyne, c'est Éric. Tu vas bien ? Il avance ton dossier ?

— Je l'ai presque terminé. »

Éric attend que Jocelyne relance la conversation. Il s'apprête à trouver un nouveau sujet lorsque, d'une petite voix, elle lui dit :

« Ce week-end, nous partons vendredi soir ou samedi matin ?

— Samedi matin me paraît mieux, il y a trop d'embouteillages le vendredi soir.

— D'accord. Vers neuf heures, c'est bon ?

— Parfait. Je t'embrasse, dit-il tendrement, à samedi.

— À samedi, oui. »

Stupéfaite par ce qu'elle vient d'oser dire, elle retourne s'asseoir et met la main sur sa bouche.

« Mais qu'est-ce que je viens de dire !

— *Tu le regrettes ? demande Madeleine.*

— Je ne sais pas mais je vais devoir assumer maintenant. Quelle angoisse !

— *Pourquoi t'angoisser pour quelque chose que tu ne connais pas ? Attends d'y être et tu verras bien.*

— Mais si... commence Jocelyne.

— *Laisse tomber.*

— Tu es mignonne ! J'ai trois jours à attendre !

— *Occupe-toi ! Va au cinéma, lis, dessine... Tu es tellement angoissée que si tu n'arrêtes pas d'y penser tu vas te préparer un week-end affreux et tu le passeras comme tu l'auras imaginé.*

— Je vais essayer, tu as raison.

— *N'essaye pas, fais. »*

*

« Tu es magnifique, dit Éric en lui ouvrant la portière de sa voiture. »

Jocelyne répond par une boutade, tout en passant sa main dans les cheveux.

« Monsieur est un fin connaisseur. »

*

Le dimanche soir, Madeleine entend Jocelyne qui remonte les escaliers en chantant. La porte de son appartement ouverte, elle jette son sac de voyage sur le canapé et termine sa chanson en prenant la pose de Betty Boop, devant Madeleine.

«… Pump, pump it up ! Whoa !

*« Il me paraît stupide de te demander si tu as passé un bon week-end, dit Madeleine.*

— C'était super ! L'expo, géniale ! Le temps, magnifique ! Éric, adorable ! Que la vie est belle ! ajoute-t-elle en s'écroulant dans un fauteuil. Je crois que je suis amoureuse, Madeleine !

— *C'est une excellente nouvelle, te voilà donc rassurée.*

— Je commence à l'être, nuance.

— *Que te manque-t-il pour l'être totalement ?*

— Du temps. J'ai peur que cela ne soit qu'une passade, pour lui, je m'entends.

— *Ah oui, tu me parles d'amour, alors.*

— Je te parle de quoi depuis le début ? »

Jocelyne marque une pause, réfléchit puis dit.

« En ce qui concerne ma sexualité, je suis rassurée, si tu veux savoir. Heureusement qu'il a été tendre et patient. C'est peut-être aussi pour cela que j'ai l'impression d'être amoureuse. Je t'ai dit qu'il avait beaucoup d'humour ? J'oubliais ! Ses yeux ! Il a des yeux couleur noisette avec des petites paillettes vertes ?

— *Des petites paillettes vertes ! s'exclame Madeleine. C'est incroyable en effet !*

— Hum… Je ne te parle plus, tu te moques de moi.

— *Mais non, je ne me moque pas de toi. Tu es vraiment très*

211

*jolie quand tu es amoureuse ; les tiens ont des paillettes dorées. »*

Jocelyne se lève et s'étire.

« Je vais aller me prendre un bain pour terminer ce week-end en beauté. »

En sortant de son bain, elle se pèse et constate qu'elle a trois kilos de trop.

« Il va falloir que je me mette au régime, ce n'est pas le moment… ».

Elle se regarde dans la glace et se sourit.

« Enfin un vrai problème. »

\*

Il est tout juste midi lorsqu'elle arrive chez État d'Esprit. Jean-Paul, le patron, l'accueille avec son inaltérable sourire.

« Bonjour Jocelyne, vous allez bien ?

— Merveilleusement bien, merci. »

Élise, la jolie cuisinière, sort la tête de sa cuisine et lui fait un coucou discret de la main.

« Vous êtes seule aujourd'hui ? demande Jean-Paul.

— Non, nous serons deux, Marie ne va pas tarder.

— Je vous installe dans la petite salle, vous serez plus tranquilles.

— Merci. »

Marie entre, quelques minutes plus tard, vêtue d'un tailleur noir et les cheveux tirés.

« Vous êtes venue incognito, aujourd'hui ? lui demande Jean-Paul. On vous reconnaît à peine habillée comme cela.

— Moins fort, chuchote-t-elle, on pourrait m'avoir suivie.

— Allez dans la petite salle, lui dit-il d'un air complice, une de vos associées vous y attend.

— Entendu, merci. »

Jocelyne hoche la tête plusieurs fois.

« Alors là, tu m'épates. Tu as fait un pari stupide avec Sylvie ?

— Même pas, je sors d'un entretien d'embauche.

— Et ça a marché ?

— J'ai mes chances ; c'est une petite boîte qui a besoin d'une comptable à tout faire. Ils sont moins regardants sur l'âge dans ce type de structure, dit Marie.

— C'est fou quand même. On te dit que maintenant tu peux travailler jusqu'à soixante-dix ans alors qu'à partir de cinquante, voire quarante-cinq, on ne veut déjà plus de toi. On devrait appliquer les mêmes règles aux politiciens qu'aux étudiants de certaines écoles de commerce : un stage dans la vraie vie leur ferait du bien.

— Ce n'est pas pour demain. Bon, dis-moi, et toi, ce week-end ?

— Super… Que du bonheur ! »

Premières arrivées, dernières parties. Le silence de la salle, auparavant bondée, les ramène dans le restaurant.

« Zut ! T'as vu l'heure ? Il est quatorze heures vingt-cinq ! s'exclame Marie.

— Oui, on va y aller, je dois terminer une maquette pour demain matin. Je n'ai pas non plus vu le temps passer. Je suis en voiture, je te ramène chez toi ? »

Travaux sur dix kilomètres. Les panneaux triangulaires se succèdent et les voitures ralentissent au point de s'arrêter une centaine de mètres plus loin.

« Elle n'est pas terminée ma maquette, se lamente Jocelyne. S'ils font des travaux sur toute la voie, nous ne sommes pas arrivées.

— Dis-moi, as-tu des nouvelles de Sylvie ? demande Marie. Cela fait bien trois semaines que je ne l'ai pas vue.

— Pareil, pas de nouvelles. Si j'ai bien compris ce qu'elle m'a dit la dernière fois, elle est devenue la maîtresse de son mari.

— C'est marrant ça ! C'est peut-être mieux d'ailleurs, que les avantages, pas les inconvénients.

— Connaissant Sylvie, qui n'est pas partageuse dans ce domaine, je pense que cela ne devrait pas durer très longtemps.

— Je suis tout à fait d'accord avec toi, surenchérit Marie. »

Les voitures roulent au pas.

« Bon, on arrive bientôt chez toi. Je n'en peux plus de ces

embouteillages, soupire  Jocelyne.

— Dépose-moi là, cela t'évitera de faire un détour, il y a un sens interdit.

— D'accord. Bisous ma Belle, à bientôt. »

*

Jocelyne repasse avec attention les contours de son dessin « L'ombre du meuble doit être plus marquée ». Satisfaite, elle prend un peu de recul, en levant son crayon.

Elle ne lâche pas sa planche des yeux lorsqu'elle prend son portable qui s'obstine à sonner.

« Allo.

— Bonjour Maman, c'est ton fils préféré.

— Bonjour mon Chéri, tu vas bien ?

— Super bien. Nous voulions, Élodie et moi, nous inviter samedi soir chez toi, c'est possible ?

— Ben, heu... Tu ne préfères pas vendredi soir ?

— Nous sommes déjà pris. Ce n'est pas grave, le week-end prochain alors, cela peut attendre. On a une surprise pour toi.

— Une surprise ? Bien sûr que cela ne peut pas attendre. Je vais m'arranger, je te rappelle.

— Ça marche toujours le coup de la surprise.

— Pff, sale gosse, va.

— À plus tard. »

Un quart d'heure plus tard, Jocelyne rappelle Marc.

« C'est entendu mais je te préviens, nous serons quatre.

— Ah non, répond Marc, nous serons cinq. C'est ça la surprise.

— C'est qui ?

— Si je te dis qui c'est, cela ne sera pas une surprise. Il va falloir que tu attendes samedi. Et l'autre personne que tu as invitée, c'est une de tes amies ?

— C'est une surprise aussi... Il va falloir que tu attendes samedi.

— Pas de problème. On verra bien qui épatera l'autre. Bisous Maman. »

Jocelyne se rassoit derrière sa table à dessin et lève les

yeux vers Madeleine.

« Hum, je suis en train de me préparer un bon stress. Il avait l'air plutôt content, Éric, de les rencontrer. Je ne sais pas si j'ai été bien inspirée. Elle souffle et ajoute : « Allez, on verra bien samedi. »

*

Le stress frappe à la porte de sa chambre à huit heures le samedi matin. Elle énumère tout ce qu'elle doit faire devant sa tasse de café et, de peur de perdre quelques précieuses minutes, elle se précipite dans la salle de bains.

À neuf heures, elle est la première cliente du meilleur traiteur de son quartier. « Là, au moins, je suis sûre que le repas sera réussi. »

À dix heures, elle prend sa voiture et roule jusque chez un caviste recommandé par Sylvie.

À onze heures, elle court chercher le pain, deux rues plus loin, chez « Gamet », à la renommée incontournable.

À onze heures trente, elle est chez Sissi, sa fleuriste préférée.

À douze heures, elle est de retour chez elle et tout en rangeant ses courses réfléchit à ce qu'elle va mettre ce soir.

À treize heures cinquante, elle a retourné toute son armoire et n'a rien trouvé de correct.

À quatorze heures, la nouvelle femme de ménage arrive.

« Ding, dong… »

Et en plus elle est en avance ! »

Elle ouvre la porte à une petite femme, d'une quarantaine d'années.

« Bonjour. Vous êtes Madame Meriel ? demande Jocelyne.

— Oui, c'est moi. Bonjour.

— Entrez, je vous en prie. Madame Arjoux, ma voisine ne tarit pas d'éloges vous concernant. La connaissant, je dois dire, qu'en vous engageant, je ne prends pas de risque. »

Madame Meriel rougit sous le compliment.

« Je vous fais visiter l'appartement ? »

La dernière pièce est la chambre de Jocelyne.

« Désolée, je faisais des essayages et c'est un peu le bazar. Laissez-la, vous la ferez la prochaine fois.

— Très bien, répond d'une voix énergique madame Meriel. Où sont les produits d'entretien ? L'aspirateur ?

— Dans le placard du couloir, dit Jocelyne en la devançant. »

Madame Meriel ne parle pas, c'est un tourbillon dans l'appartement. Jocelyne se fait rapidement un sandwich et retourne dans sa chambre. Elle reprend un à un ses vêtements et se rassoit sur le lit, désespérée.

« Je n'ai rien à me mettre. »

Elle regarde sa montre :

« Quinze heures, j'ai juste le temps de faire quelques boutiques ».

La femme de ménage a attaqué la cuisine et astique la plaque céramique. Elle sursaute lorsque Jocelyne lui parle.

« Excusez-moi de vous avoir fait peur. Je descends faire une course et je serai de retour dans une ou deux heures. Si vous partez avant mon retour, pourriez-vous claquer la porte ? Je ferai faire un double des clés pour la prochaine fois.

— Pas de problème, Madame Loudet. Au revoir.

— Merci, à la semaine prochaine. Au revoir. »

La femme de ménage a claqué la porte depuis plus d'une heure lorsque Jocelyne rentre exténuée de ses courses. Elle traverse l'appartement d'une traite et jette ses achats sur son lit : Pantalon noir et veste chinoise rouge en soie.

« Dix-huit heures ! Juste le temps de prendre une douche et de mettre la table. »

La salle de bains brille de tous ses éclats. Carrelage, miroir, robinetterie, cadres…

« Alors là… Bravo madame Meriel. »

Tout en courant dans tous les sens, Jocelyne ne peut que remarquer la propreté qui illumine chaque pièce ; même les vitres sont faites.

« Quelle tornade ! »

Enfin prête à dix-neuf heures trente, elle s'installe avec précaution dans un des fauteuils du salon afin de ne pas froisser sa veste. Elle passe en revue la pièce et s'assure que tout est en ordre. Une fois, deux fois, trois fois. Quelque chose ne va pas.

« J'arrête de stresser, tout va bien et tout est en ordre. Qu'en penses-tu Madeleine ? Tu trouves ça comment ? »

Les yeux écarquillés, Jocelyne fixe la photo de Valérie.

« Madeleine ? Où sont tes lunettes ? »

Elle se relève et se met juste en face de la photo de Valérie.

« C'est pas vrai ! Madame Meriel ! Oh, non ! J'avais oublié de le lui dire ! »

La sonnette de la porte retentit à ce moment-là. Jocelyne continue de regarder la photo et ne réagit pas. Nouvelle sonnerie, plus insistante. Jocelyne détourne les yeux du cadre et se dirige vers la porte d'entrée.

Elle ouvre la porte à son fils et à une Élodie rayonnante, encombrée d'un bouquet de fleurs.

« Bonjour Jocelyne, tenez, c'est pour vous.

— Merci, il est très joli. »

Jocelyne jette un œil sur le palier mais ne voit pas le troisième invité.

« Il n'a pas pu venir ? demande-t-elle.

— En fait, il est très discret, pour le moment dit Marc avec un sourire malicieux. »

Jocelyne les regarde tour à tour.

« Élodie ? »

Ils hochent tous les deux la tête.

« Ça alors ! » est le premier commentaire de la future grand-mère. La surprise se lit sur son visage.

« Alors là, effectivement votre troisième invité m'impressionne. Faites-le asseoir dans le salon, qu'il commence à prendre ses marques. »

— Vous savez, j'ai moi aussi du mal à réaliser, dit Élodie.

— Tes parents le savent, demande Jocelyne.

— Oui, les deux. La réaction de ma mère a été « Je vais être déjà grand-mère ! » et celle de mon père glaciale « C'est ton choix. Je te laisse, j'ai un client qui m'attend à la réception. ». Ils sont comme ça… »

Devant la gêne occasionnée par cette dernière phrase, elle s'empresse d'ajouter.

« Ils sont comme ça et c'est pour ça aussi qu'ils se disputeront dans quelques mois pour le garder.

— Il ne va pas manquer de nounous ce petit ! dit Jocelyne. Je lui prêterai même mes crayons de couleur ! »

« Ding, dong… »

Jocelyne se lève pour aller ouvrir.

« Ma surprise est moins discrète que la vôtre mais elle a son charme aussi. »

La soirée se termine vers minuit. Sur le pas de la porte, Marc embrasse sa mère et lui chuchote à l'oreille.

« Elle est très sympa ta surprise. »

*

La photo de Valérie a été remplacée par celle de son petit-fils, Léo. Les quatre grands-parents sont aux petits soins pour lui et parfois Marc s'inquiète de le voir trop gâté.

Être grand-mère l'a réconciliée définitivement avec son statut de femme. La vie continue avec une joie de vivre supplémentaire.

Jocelyne travaille à une maquette de publicité pour une marque de gâteaux. Elle pense à son petit-fils qui adore ceux au chocolat. Elle lève les yeux et lui sourit.

« Dis-moi Léo. Cela te plairait d'avoir un grand-père en plus ? »

Cette pensée l'a déconcentrée et elle pose son crayon.

« Vivre avec quelqu'un à mon âge, je ne sais si cela est vraiment raisonnable. »

Pensive, elle s'allonge sur le canapé et fixe le plafond.

« Tu me manques, Madeleine, soupire-t-elle, tu me manques. »

Madeleine, qu'elle avait presque oubliée ces derniers mois, lui revient sans cesse à l'esprit, en ce moment. Elle a ressorti la photo de Valérie de son placard et l'a posée près de son lit. La magie a disparu, Madeleine est de nouveau muette malgré une paire de lunettes qu'elle a redessinée sur le cadre. Rien, pas de réponse.

Elle regarde sa montre et constate qu'il est quatorze

heures ; Éric ne va pas tarder à arriver. Ils vont au musée de l'homme cet après-midi, il y a une nouvelle expo : « La saga de l'homme ».

*

L'exposition est vraiment très réussie. Excellente présentation accompagnée d'une documentation sobre et claire. Derrière une vitre de protection, des crânes, associés à des outils, permettent de suivre l'évolution de l'homme à travers les millénaires.

« Des millions d'années d'adaptation pour en arriver à ce que l'on est aujourd'hui. »

Elle regarde le reflet de son image dans la vitre et cette même question qui l'obsède depuis plusieurs jours est encore revenue.

« Vivre avec quelqu'un à mon âge, je ne sais si c'est vraiment raisonnable.

— *Bien sûr que c'est raisonnable, dit Madeleine. Ecoute ton cœur.* »

*

Dès son retour, Jocelyne s'installe confortablement dans un fauteuil. Elle ferme les yeux et se laisse doucement glisser vers Madeleine. Elle entend sa douce voix murmurer :

« *Bonjour ma Jo. Comment vas-tu ?*

— Quel plaisir, Madeleine, de t'entendre à nouveau.

— *C'est un plaisir partagé. Dis-moi, ta vie m'a l'air plutôt sympathique en ce moment.*

— Pas mal, en effet.

— *Dois-je déceler un « mais » dans ton « pas mal » ?* »

Jocelyne éclate de rire.

« Trop forte !

— *Tu es inquiète à l'idée de vivre avec Éric ?*

— Ce n'est pas Éric qui m'inquiète, c'est moi. Je sens qu'au fond de moi je n'ai pas réglé mon problème avec les hommes. Entre mon père et Serge, j'ai un lourd bagage. Je ne voudrai pas l'emmener dans mon déménagement. J'ai lu des bouquins sur ce sujet et je suis même retournée voir mon psy, Bernard.

— *Et alors, cela ne t'a pas aidée ?*

— C'est toujours pareil, intellectuellement, ça va. On peut établir de belles théories, décortiquer le problème dans tous les sens mais si le cœur ne suit pas, cela ne change rien. Quand je repense à mon père ou à Serge, j'ai toujours le même serrement. J'ai l'impression d'être destinée à cette relation aux hommes.

— *Effectivement, si tu crois à la prédestination, tu te laisses peu de marge de manœuvre.*

— Tu ne crois pas à la destinée ?

— *Disons que je crois à la destinée que l'on se donne. Si tu crois que tes relations aux hommes seront toujours mauvaises, elles le seront. Ce ne sont que des croyances.*

— Il ne s'agit pas de croyances mais de vécu.

— *C'est en effet ainsi que tu l'as vécu. Si tu continues à passer ton présent et ton futur au crible de ton passé, cela ne va pas évoluer.*

— Tu as une potion magique pour oublier ?

— *Il ne s'agit pas d'oublier, il s'agit de laisser le passé à sa place.*

— Hum… Ma tête veut bien mais mon cœur n'est pas d'accord.

— *Demande à ton cœur ce dont il a besoin.*

— Mon cœur n'a besoin que d'amour.

— *Tu vois, c'est très simple…*

— Toujours aussi drôle, Madeleine, soupire Jocelyne.

— *Réfléchis avec ton cœur et demande-lui ce qu'il aime.*

— Il aurait aimé avoir un père présent et aimant, un mari attentionné. Il aurait aimé qu'on le respecte, il aurait aimé que…

— *Non, pas ce qu'il aurait aimé, c'est ce qu'il aime qui est important. Laisse le passé à sa place.*

— Mon cœur est simple, il n'a envie que d'aimer et d'être aimé.

— *D'aimer… D'aimer les autres ? Peut-être toi-même*

*aussi, non ?*

— Tu fais la même remarque que mon psy et je te ferai la même réponse : comment veux-tu t'aimer lorsque les autres te démontrent que tu n'es pas aimable.

— *Tu me parais excessive. Ton fils, ta mère, tes amis ne t'ont-ils pas démontré le contraire. Et Éric maintenant...*

— J'ai tellement de défauts, soupire Jocelyne.

— *Ne trouves-tu pas curieux d'avoir à l'esprit tes défauts et non tes qualités ?*

— C'est vrai. C'est comme pour les pensées, c'est toujours plus facile d'alimenter les négatives plutôt que les positives. Tu sais, j'y travaille toujours, je fais attention à ne plus alimenter mes pensées négatives. Je ne pense pas que je sortirai major de la promo... Je progresse à la vitesse d'un escargot alcoolique.

— *L'essentiel c'est la prise de conscience. Après, cela prend le temps dont on a besoin. Là, tu les arrêtes et dans quelque temps elles ne se présenteront plus. Alors continue. Sois patiente et bienveillante vis-à-vis de toi-même.*

— C'est un joli mot bienveillant... Ne bouge pas, je regarde dans mon dico.

— *Très drôle !*

— Bon, enfin, c'est une manière de parler. Je vais chercher mon dico. »

Le rangement semble s'être installé ces derniers mois et Jocelyne retrouve sa bible, à sa place, dans la bibliothèque.

« B... Bien... Bienveillance, voila j'y suis. « Disposition d'esprit inclinant à la compréhension, à l'indulgence envers autrui. »

— *Et envers soi-même, complète Madeleine.*

— Il faudrait aussi que je passe au crible de la bienveillance toutes les conneries que j'ai pu faire.

— *Excellente idée !*

— Celles des autres aussi.

— *Excellentissime !*

— J'ai de belles journées migraineuses qui se profilent à l'horizon.

— *Le cœur ne donne pas la migraine. Il la soulage. »*

\*

« Comment ça, tu veux retrouver ton père répète Marie interloquée.

— Je vais déjà vérifier s'il est toujours vivant. Il aurait quatre-vingt-deux ans aujourd'hui. J'ai besoin de savoir, de comprendre.

— Quatre-vingt-deux ans… Et s'il est mort ?

— Il m'a reconnue. Je pense que s'il était mort on m'aurait prévenue.

— Hum… Peut-être.

— Son frère, qui vivait à Lille, est plus jeune. Il doit avoir soixante-dix-huit ans. Avec un peu de chance.

— Ça va t'apporter quoi ? lui demande Marie.

— La paix, j'espère. »

\*

Jocelyne bafouille. Éric fronce les sourcils.

« Je suis désolé, je ne comprends rien à ce que tu racontes. Ton père ? Tu l'as revu ?

— Heu, non. Ce que je voulais dire c'est que j'aimerais bien le revoir.

— Eh bien, s'il est toujours vivant et que cela est important pour toi, fais-le.

— Tu ne trouves pas cela ridicule, à mon âge ? insiste Jocelyne.

— Si c'est important pour toi, ce n'est pas ridicule. Si je peux t'y aider, ce sera avec plaisir.

— Admettons qu'il soit toujours vivant… J'ai peur de sa réaction.

— Et de la tienne, peut-être ?

— Oui, aussi. »

\*

L'allée goudronnée menant à la Résidence « L'oiseau

bleu » est rectiligne. Passé le grand portail automatique, on entre dans un parc à la française au tracé géométrique rigoureux, à la barbe herbeuse taillée de près. L'automne apporte son lot de couleurs à ce décor soigné. Quelques personnes âgées déambulent avec lenteur aux alentours du bâtiment.

Le cœur battant, Jocelyne se dirige vers l'accueil.

« Bonjour Madame. Que puis-je faire pour vous ?

— Bonjour. Je souhaiterais rencontrer monsieur Loudet, s'il vous plait murmure Jocelyne.

— Excusez-moi, je n'ai pas compris. Vous souhaitez rencontrer monsieur ?

Jocelyne toussote et se reprend.

« Heu, pardon. Monsieur Loudet.

— Monsieur Loudet ? Il est juste devant l'entrée. Regardez, sur le banc à votre droite.

— Le monsieur avec la casquette ?

— Vous ne l'avez pas reconnu ? demande, surprise, l'hôtesse.

— Je dois dire que je le connais peu.

— Vous êtes visiteuse ?

— Visiteuse ? répète Jocelyne.

— Oui, une bénévole qui accompagne les personnes âgées.

— Heu… Oui, c'est ça. »

L'hôtesse sourit et se lève.

« C'est bien ce que vous faites. Vous n'imaginez pas le nombre de personnes âgées qui sont seules. Merci pour elles. Je vous accompagne. C'est un monsieur très doux et calme. »

Assis à l'extrémité du banc, Jean Loudet a le regard perdu dans le feuillage coloré d'un érable.

L'hôtesse se place près de lui et pose doucement sa main sur l'épaule.

« Monsieur Loudet, vous avez une visite. »

Il tourne la tête et sourit.

« Je vous présente Madame ? dit l'hôtesse en se tournant vers Jocelyne.

— Jocelyne, cela suffira.

— Jocelyne est une visiteuse et se propose de vous tenir

compagnie. Etes-vous d'accord ? »

— Pour toute réponse, le vieil homme lui sourit. Puis, elle s'adresse à Jocelyne

« Monsieur Loudet ne parle plus mais il comprend ce qu'on lui dit. »

Leurs même yeux, noisettes et ronds se rivent les uns aux autres. L'hôtesse remarque tout d'un coup leur incroyable ressemblance mais se tait. Elle s'éclipse discrètement et les laisse en tête-à-tête. De son comptoir, elle les observe.

Jocelyne s'assied sur le banc et son père ne la lâche pas du regard. Elle qui a tant attendu ce moment, ne sait pas quoi dire. Il n'y aura pas de réponse, elle le sait.

« C'est curieux, j'avais tant de choses à vous dire. Et on se retrouve là, tous les deux, muets. Je ne comprendrais jamais pourquoi… Pourquoi vous n'êtes jamais revenu. Pourquoi vous n'avez pas pris le temps de m'aimer. »

Les yeux de Jocelyne s'emplissent de larmes.

« Votre regard est si doux… Je suis sûre que vous auriez été un bon père. »

Le vieil homme baisse doucement la tête. Lorsqu'il la relève ses yeux sont larmoyants. Avec lenteur et douceur il pose sa main sur celle de Jocelyne. Le temps s'arrête.

*

« J'ai l'impression de déménager une bibliothèque s'exclame Éric en posant son huitième carton.

— T'as lu tout ça ?

— Oui, je ne garde que ceux qui me parlent.

— Ha, si les livres te parlent… »

Éric range les livres, un par un, dans la bibliothèque.

« Je suis très impressionné. Que des livres de philo, de psycho… Ouille, il va falloir que je fasse attention à ce que je dis.

— Oh, tu sais. C'est surtout ce que tu en fais qui est important. On peut lire des tonnes de bouquins mais sans pratique, cela ne reste que des bouquins. Que de la théorie ajoute-t-elle en pensant à Madeleine. »

Éric donne à Jocelyne un papier coincé entre les pages d'un livre.

« C'est vrai que le classement n'est pas ton fort.

— Fais voir ? »

Jocelyne sourit en lisant.

« Ce n'est pas une lettre, c'est un poème.

— Un poème d'un amoureux transi comme moi ?

— Même pas. Un poème que j'ai écrit cet hiver.

— Vas-y, lis le moi, s'il te plaît !

— Tu ne te moques pas ?

— Promis. Je suis tout ouie, ma Chérie. D'ailleurs, je vais m'installer dans ce superbe fauteuil et je ferme les yeux. Je t'écoute de tout mon cœur, ma Poétesse.

Jocelyne est émue par tant de tendresse manifeste.

« Je n'ai pas besoin de le lire, je le connais par cœur.

Le silence de la neige ne peut être dérangé

Mes pensées passent sur la pointe des pieds

Le silence éloquent tient en respect mes maux éparpillés

Un petit bruit soudain le fait se déchirer

Mes pensées enhardies reviennent chahuter

Leur victoire est bruyante et mes maux vivifiés

Je ferme les yeux pour ne plus les entendre

Une profonde inspiration permet de me détendre

Mon regard s'ouvre à nouveau sur le ciel neigeux

Les mots voltigent et se fondent dans le silence radieux

Le silence présent met les maux au passé

Le futur immédiat reste ma seule pensée.

— C'est magnifique, murmure Éric en rouvrant doucement les yeux.

Éric se relève avec lenteur puis tend ses bras vers Jocelyne. Leurs regards s'enlacent dans une étreinte passionnée.

« Madame Jocelyne Loudet, acceptez-vous de prendre pour « futur immédiat » Monsieur Éric Virlet, ici présent.

— Oui, j'accepte, répond-elle sans hésiter. »

# Madeleine

# Madeleine

Madeleine

Texte intégral

Dépôt légal 1er trimestre 2015

ISBN : 978-2-9551405-1-2

# Madeleine

# Madeleine